Guy

CHUTE LIBRE

William Hoffer
et
Marilyn Mona Hoffer

CHUTE LIBRE

HACHETTE/CARRERE

Traduction : Michèle Garène

A Mert et Joe
et
Lucille et Franck

Ceci est une histoire vraie.

1

Le cockpit

Trapu, le teint mat, le regard vif, et un éternel sourire espiègle sous sa moustache brune, le commandant Robert Owen Pearson termina son dîner et se cala confortablement contre son siège. Parti de Montréal, le vol 143 d'Air Canada se dirigeait vers Edmonton en cette fin d'après-midi du samedi 23 juillet 1983. A 41 000 pieds (12 490 mètres) environ au-dessus de Red Lake dans l'Ontario, Pearson se laissait bercer par le ronflement régulier et familier de l'atmosphère fine que découpait tel un couteau le nez du Boeing 767 de 132 tonnes fendant le ciel à 870 kilomètres/heure. Dans le cockpit, le bruit était bien plus fort que dans la cabine passagers et donc plus impressionnant. C'était un rappel constant de la puissance qui propulsait ce poids lourd dans un environnement étranger aux pouvoirs naturels de l'humanité.

Ils volaient entre une couche cotonneuse de cumulonimbus et le bleu pur de l'azur. Ayant laissé derrière eux le bruit et l'agitation de Montréal, ils filaient vers Edmonton dans l'Alberta, la porte des Rocheuses canadiennes.

Cela faisait vingt-six ans que Pearson travaillait pour Air Canada, la compagnie aérienne nationale. Enlevant son casque, Pearson brancha la radio qui le reliait constamment au contrôle du trafic aérien sur le haut-parleur du cockpit pour tailler une bavette avec son copilote. Entre Montréal et Ottawa, le vol avait été trop court pour prendre le temps de bavarder. Mais entre Ottawa et Edmonton, Pearson avait quatre heures devant lui pour s'abandonner à l'un de ses passe-temps favoris pendant que les passagers dînaient et regardaient le film. Il adorait parler. Il suffisait de passer cinq minutes avec Pearson pour qu'il vous fasse un coup de charme avec son bagou, ponctué du « eh? » en fin de phrases, typique des Canadiens anglais.

— Ça se bouscule entre Montréal et Ottawa, eh? dit Pearson à son copilote assis à sa droite.

Maurice Quintal qui avait fêté ses trente-six ans deux jours plus tôt était un Canadien français à la voix douce dont l'air espiègle masquait le pathétique de la vie privée. Il acquiesça.

— C'est bon pour nous.
— Sûr. Oui. C'est bon pour la vigilance, eh?
— Oui.

Pearson et Quintal n'avaient volé que quelques fois ensemble jusqu'à ce jour, mais ils avaient noué des liens d'amitié. Membre actif du syndicat des pilotes, l'Association des pilotes de ligne d'Air Canada, Pearson avait eu l'occasion de tirer Quintal d'un mauvais pas professionnel. En fait, il lui avait permis de sauver deux semaines de salaire.

— C'est bon pour un gars qui ne tient le manche qu'une fois de temps en temps, continua Pearson, faisant allusion à la position de Quintal qui, en tant que pilote de réserve, n'effectuait que quelques vols par mois.

Il contempla l'appareil dans lequel il était assis et se dit avec fierté que Quintal et lui faisaient partie des rares pilotes au monde à être qualifiés pour piloter ce bijou à la pointe du modernisme.

— Tout est simple une fois qu'on a appris comment ça marche, commenta-t-il. Ce n'est pas un truc qu'on est près d'oublier, tous ces engins, eh ?

Il est sûr que quiconque avait fait l'expérience d'un vol dans le cockpit d'un Boeing 767 flambant neuf n'était pas près de l'oublier ; on avait vraiment l'impression de se retrouver dans un magasin de jeux vidéo. En présentant l'avion, Air Canada avait annoncé le début de l'ère de « l'avionique numérique ».

Pour le profane, le poste de pilotage du 767 paraissait complexe et déroutant, avec son attirail de cadrans, de boutons, de pédales et d'interrupteurs. En revanche, l'initié avait plutôt la réaction de ce pilote militaire qui, découvrant le poste du pilotage du 767, s'était exclamé : « Ils ont drôlement simplifié les choses, non ? » Cette simplification était la conséquence directe de l'âge de l'informatique. Des écrans vidéo remplaçaient les dizaines d'instruments et diminuaient la tension visuelle, surtout sur les longs vols.

Chez les pilotes d'Air Canada, Pearson était connu pour son art de tirer parti de ces merveilles électroniques. Amuseur né, le capitaine ne ratait pas une occasion de convier des collègues, des amis et des passagers dans le cockpit pendant le vol. « Vous voulez voir un son et lumières ? » demandait-il pour la forme avant de se mettre à pousser des boutons pour animer une horde d'ordinateurs. Le commandant aimait notamment impressionner les enfants dont les yeux brillaient autant que les écrans vidéo.

Si, ce jour-là, Pearson se sentait « gros, con et heureux » pour reprendre ses termes, c'était normal. Mais l'occasion que lui offrait ce voyage-là le rendait encore plus content. Ce vol serait suivi d'une escale de douze heures à Edmonton. Puis le lendemain, il accueillerait ses beaux-parents à bord pour le voyage de retour. Bien que leur fille Carol fût mariée depuis vingt-cinq ans à un

11

pilote professionnel, Percy et Gwen Griffith n'avaient jamais été très enthousiastes à l'idée de prendre l'avion, préférant utiliser le permis auquel Percy avait droit en tant qu'ancien employé des Chemins de fer canadiens. De ce fait, Gwen n'avait pris l'avion qu'une fois et ce serait le baptême de l'air de Percy. Pearson avait du mal à comprendre leur peu de goût pour l'avion et il s'était juré de faire quelque chose à ce sujet. Il veillerait à ce qu'ils prennent du bon temps et les inviterait à le rejoindre dans le cockpit pour qu'ils voient comment, avec sa maîtrise de la physique et de l'électronique, l'homme avait conquis les airs. C'était une chance qu'il fasse aussi beau.

Pendant le vol, le bloc d'ordinateurs du 767 rendait compte de la progression régulière du voyage sans histoires non seulement à Pearson et Quintal, mais aussi à un vaste dispositif d'ordinateurs au sol. On en venait même parfois à se demander si les pilotes étaient vraiment indispensables.

Leur appareil, le numéro 604, était l'un des quatre 767 achetés pour 40 millions de dollars pièce par Air Canada ; et sept autres étaient en commande. Vieux de seulement trois mois, c'était un engin impressionnant avec une envergure assez large pour couvrir la moitié de la longueur d'un terrain de football qui contenait près de 20 000 gallons (plus de 50 000 kilogrammes) de kérosène de type A-1. Au sol, le bout de sa queue était aussi haut qu'un immeuble de cinq étages.

Mais le sol n'était pas son environnement naturel. Deux réacteurs double-flux Pratt & Whitney, consommant 4 000 kilogrammes de kérosène à l'heure, produisaient une puissance suffisante pour propulser l'appareil à 870 kilomètres/heure (Mach 0,8 environ) sur une distance d'environ 10 000 kilomètres (celle que les pilotes d'Air Canada utilisaient pour leurs calculs) ou d'environ 6 000 milles terrestres (l'unité de mesure

12

dont les pilotes se servaient dans leur tête). En poussée maximale, les extrémités des pales de soufflante de huit pieds tournaient en fait plus vite que la vitesse du son.

Pour Pearson et les rares privilégiés qualifiés pour tenir ses commandes, c'était un vrai plaisir de manœuvrer le 767. Son altitude de croisière de 39 000 ou de 41 000 pieds, voire de 43 000, était considérablement plus élevée que celle des avions de ligne à réaction de la précédente génération. Le 767 pouvait voguer aux altitudes plus confortables de la stratosphère inférieure, au-dessus des vents de flux d'éjection plus violents. Il arrivait souvent à Pearson de se retrouver en zone calme alors qu'en dessous certains de ses collègues s'escrimaient à trouver des détours pour éviter le gros temps.

La nouveauté exigeait des compromis. Malgré son affection sincère pour cet appareil, Pearson trouvait le 767 un peu mystérieux. Capable de piloter pratiquement tout ce qui était muni d'ailes, il avait appris depuis longtemps à apprécier et à faire confiance à la science de la mécanique mais la technologie électronique trop moderne du 767 le mettait vaguement mal à l'aise. La raison d'être d'un pilote, c'est de maîtriser un appareil, et les ordinateurs empiétaient un peu sur ses prérogatives en dissimulant dans leurs entrailles électroniques des données vitales que Pearson préférait avoir dans sa tête.

En 1983, bien que la technologie informatique ait progressé de manière exponentielle, ses mystères restaient encore l'apanage des ingénieurs et programmeurs. Le profane ne maîtrisait pas encore l'ordinateur qui l'intimidait un peu. Un jour, Pearson avait grommelé à sa femme : « Nous serons probablement les derniers habitants de Beaconsfield à posséder un ordinateur. »

Il savait bien qu'il devrait s'adapter à cet âge technologique. En trente et un ans de passion pour l'aviation, il avait eu l'occasion de voir se produire d'incroyables changements .

L'histoire d'amour avait commencé en 1952. Cette année-là, à seize ans à peine, Pearson passa l'été à travailler dans le nord de la province de Québec. A l'époque, les Indiens du Québec n'étaient pas autorisés à acheter ou à consommer de l'alcool. Pearson jugeait cette discrimination intolérable. Comme, poussé par son besoin de parler anglais, il se rendait chaque week-end à Baie-Comeau, à deux heures de route sur la rive nord du Saint-Laurent, ville frontalière où un adolescent pouvait acheter de la bière sans qu'on lui pose de questions, il en profitait pour rentrer le dimanche soir avec plusieurs litres supplémentaires pour ses camarades. Les Indiens n'avaient donc pas tardé à l'adopter.

Puis vint ce jour magique où, avec une trentaine ou une quarantaine de gens du cru, des Canadiens français et des Indiens, le jeune Pearson dut partir en renfort pour combattre un feu de forêt. La plupart des volontaires s'entassèrent dans des camions, mais quelques privilégiés, dont Pearson, empruntèrent un autre moyen de transport. L'un des Indiens demanda au gamin s'il était déjà monté dans un avion.

« Non », répondit Pearson.

« Alors suis-moi », lui dit l'Indien.

Pearson grimpa à l'arrière d'un hydravion à flotteurs De Havilland Beaver avec six autres Indiens. Ce cheval de labour monomoteur aux ailes hautes était équipé pour transporter des tonnelets de carburant de quarante-cinq gallons et non des hommes. Par conséquent, il n'y avait ni sièges, ni ceintures de sécurité à l'arrière. Tout ce qui séparait ce groupe bigarré de combattants du feu du grand plongeon dans les nuages, c'était un loquet de fortune aussi solide que ceux qu'on voit sur des placards de cuisine.

14

A l'approche de la zone de l'incendie, le pilote audacieux décida de raser la colonne de feu. Il inclina son appareil, d'un côté puis de l'autre, si bien que Pearson et ses compagnons terrifiés ricochèrent d'un bout à l'autre de la carlingue, telles des boules d'acier dans un flipper. Quand le pilote passa au ras du feu de forêt, la fumée les enveloppa. Les Indiens hurlaient de terreur mais Pearson pensa : « C'est la chose la plus géniale que j'aie jamais faite. »

Il était mordu.

Deux ans plus tard, de retour dans son Montréal natal, Pearson accepta un poste de technicien électronique à l'université McGill. « J'ai détesté ça, dit-il ensuite. J'avais horreur d'être enfermé. Je passais mon temps à surveiller la pendule. » Néanmoins, Pearson accumula les heures pour pouvoir grimper dans un cockpit, mais il ne tarda pas à se rendre compte que son salaire ne suffisait pas pour payer les leçons de pilotage à quatorze dollars de l'heure. Il emprunta de l'argent à son père. Il vendit sa voiture et tout ce qui avait une quelconque valeur marchande pour réunir la somme nécessaire.

Un an plus tard, il avait obtenu sa licence de pilote professionnel et réussi les examens requis. Pour se faire engager par une compagnie commerciale, il lui fallait deux cents heures de vol et son carnet de vol certifiait qu'il en totalisait deux cents et six minutes. Il ne lui restait plus qu'à trouver quelqu'un qui veuille bien l'engager.

En mai 1957, Pearson apprit que Trans Canada Airlines, la compagnie commerciale nationale, embauchait des pilotes. Le seul problème, c'est qu'il attendait encore que ce bout de papier indispensable — sa licence de pilote — arrive par la poste. Il appela donc Trans Canada pour prendre rendez-vous pour un entretien tout en priant pour que sa licence arrive à temps. Tous

15

les jours, il allait vérifier dans sa boîte postale, mais en vain. Finalement, le jour dit, en allant à la gare, il s'arrêta à la poste, jeta un coup d'œil à l'intérieur de la boîte et vit l'enveloppe brune qui l'attendait. Grommelant des remerciements à la déesse de l'aviation, il empocha le précieux bout de papier, se présenta aux bureaux de Trans Canada et fut engagé.

Au bout de cinq mois d'entraînement, Pearson devint copilote sur un DC-3, le bimoteur à turbopropulseurs qui était depuis longtemps le cheval de labour de l'industrie et qui n'allait pas tarder à être supplanté par des avions à hélices comme le Vickers-Viscount et le Lockheed Electra.

Prenant de l'importance, Trans Canada devint bientôt Air Canada et Pearson continua à prendre du galon. En partie pour le plaisir et en partie pour la promotion à la clé, il se porta volontaire pour s'entraîner sur tous les nouveaux appareils qui sortaient. Tous les pilotes de ligne ne sont pas aussi audacieux — beaucoup préfèrent attendre que d'autres aient essuyé les plâtres ; d'autres restent fidèles au même type d'appareil. Mais Pearson passait d'un cockpit à l'autre, ravi de changer. De copilote sur le DC-3 et le Vickers-Viscount, il passa sur le Douglas DC-8 et DC-9, puis sur le Boeing 727.

En 1967, Pearson reçut une promotion qui, ironiquement, le reléguait dans une position inférieure. Il retourna donc sur le Viscount, cette fois comme commandant de bord et revint progressivement aux avions de ligne à réaction, en accumulant les heures de vol sur le bimoteur DC-9 et le triréacteur 727.

Le 21 février 1983, Pearson commença un stage d'instruction au sol de deux semaines et demie organisé par Air Canada à Montréal pour apprendre à piloter le nouveau Boeing 767. Il s'assit seul devant un simulateur de vol qui lui permit de progresser à son rythme et de se familiariser avec les complexités du manuel de vol du 767. C'était passionnant, car Pearson savait que le manuel était nécessairement incomplet. Ses collègues et lui contribueraient à le réviser, en apprenant sur le tas.

Au cours des années, les stages d'instruction d'Air Canada avaient suivi l'évolution de la technologie. Au temps où les avions étaient encore simples, l'entraînement était surtout pratique. Le pilote apprenait à se servir de tous les éléments de l'avion et à maîtriser les principes mécaniques et physiques que représentait chacun d'eux. Sur certains types d'appareil, le pilote devait être capable de dessiner des schémas des systèmes électriques, pneumatiques et hydrauliques. L'avènement des appareils plus sophistiqués modifia tout cela. Progressivement, la méthode pratique fut remplacée par une philosophie des « connaissances indispensables ». On exigeait du pilote qu'il comprenne les fonctions qu'il contrôlait, mais on ne lui demandait plus de se préoccuper des innombrables systèmes qui étaient maintenant du ressort d'autres membres du personnel. Le 767 poussait très loin ce concept. Les pilotes le pilotaient, les mécaniciens le réparaient, et on n'exigeait d'aucun de ces deux groupes de comprendre les responsabilités de l'autre.

Le circuit de remplissage était l'exemple même de l'évolution de la formation. Sur un 727 ou un DC-8, par exemple, on apprenait aux pilotes comment fonctionnaient les diverses pompes carburant, où se situaient les tuyauteries carburant et comment étaient installés les tuyaux de trop-plein ou les circuits de ventilation. En revanche, on se contentait d'informer les pilotes du 767 qu'un calculateur s'appelant l'ordinateur de quantité carburant fournissait aux jaugeurs des indications précises sur la quantité de kérosène contenue dans les réservoirs. Ils n'avaient aucun besoin de savoir comment il fonctionnait.

La formation comportait un aspect particulièrement

ennuyeux et un peu déroutant. Les données techniques de l'appareil étaient désignées soit par des mesures métriques soit par des mesures légales. Par exemple, on calculait la charge carburant en kilogrammes, mais la poussée en livres. « On n'apprenait que des chiffres, commenta Pearson. On aurait aussi bien pu parler de bananes. »

C'était aussi déroutant pour les mécaniciens qui avaient besoin de deux séries de mesures — métriques et légales — pour travailler sur l'appareil.

La formation au sol fut suivie de deux semaines d'entraînement dans un simulateur de vol à Toronto et une journée de « circuits » — décollages et atterrissages — à l'aéroport international de Toronto. Ce fut une expérience capiteuse car le 767 pouvait se vanter de posséder une puissance massique supérieure à celle de tout autre avion de ligne. Par comparaison avec celles des autres avions à réaction, la vitesse ascensionnelle était à vous couper le souffle.

A l'issue de l'unique journée passée par Pearson aux commandes du 767, un responsable du ministère des Transports canadien vint lui faire passer une inspection et, le 3 avril 1983, lui accorda sa licence de commandant de bord de 767.

Deux mois et demi plus tard, le 23 juillet, Pearson avait accumulé plus de quinze mille heures de vol sur plusieurs types d'appareil. Il avait passé moins de deux cents heures aux commandes du 767 mais, du fait de la nouveauté de l'appareil, il passait pour un expert.

A l'âge de quarante-huit ans, près d'un quart de siècle après son premier vol mouvementé au-dessus du « bush » canadien, Pearson avait une situation confortable. Ses enfants, Donna, Glen et Laurie étaient pratiquement tirés d'affaire. Sa femme Carol avait trouvé sa voie en retournant au John Abbott College à Sainte-Anne-Bellevue où elle étudiait l'histoire de l'art et la

18

poterie mais, comme à son habitude, elle donnait toujours la priorité à son mari. Pendant ses absences, elle s'occupait avec ses lectures et sa poterie dans un atelier de Baie d'Urfe dans la proche banlieue de Montréal. Lorsqu'il était à la maison, elle prenait soin de lui. Pour elle, il n'y avait pas de lundi, mardi ou mercredi mais les « jours où Bob est là » et les « jours où Bob n'est pas là ». Carol avait dit un jour : « Tout va tellement bien que j'ai l'impression qu'un jour, il va y avoir une grosse explosion. »

Le nid des Pearson était presque vide (à l'exception du lapin de compagnie connu sous le nom de Sherman McCloud ou le diminutif de JL ou « Jeannot Lapin ») et ils savouraient leur liberté. Sur un terrain cultivable de 30 hectares situé près de Dalkeith dans l'Ontario et acheté en 1959, Pearson venait juste de commencer à installer les premiers rondins de la maison qu'il projetait de construire avec les arbres qu'il avait plantés plus de vingt ans auparavant. Carol et lui se préparaient une retraite confortable pour un avenir lointain.

Bien qu'il appréciât la souplesse de son emploi du temps de pilote qui lui permettait de passer bien plus de jours au sol qu'en l'air, Pearson n'était pas du genre à se tourner les pouces. L'une de ses passions était l'équipe de hockey des pilotes d'Air Canada de Montréal. Il venait très récemment d'ajouter le ski à son répertoire. Le plus souvent, il avait tendance à passer ses jours de congés à travailler en grimpant dans le cockpit d'un avion privé. Depuis des années, il combinait son travail de pilote de ligne avec celui de moniteur de planeur et de pilote d'avion-remorqueur. Il aimait avoir la sensation d'être le maître de l'appareil, de pouvoir le plier à sa volonté.

Une fois en pilote automatique, Pearson et son copilote Quintal écoutèrent avec amusement les autres pilotes aux commandes d'avions plus anciens demander l'autorisation au centre de contrôle de Winnipeg de changer d'altitude. Bien que la météo ait prévu surtout un ciel dégagé au-dessus du Canada central, il y avait un peu de turbulence en dessous, un front de cumulo-nimbus provoquant le genre de turbulence imprévue qui est à l'origine du conseil de garder sa ceinture de sécurité attachée pendant le vol.

Il était 19 h 57 heure locale dans l'Ontario occidental, mais 00 h 57 GMT lorsque Pearson entra en contact radio avec le centre de contrôle de Winnipeg.

— Winnipeg 143, dit-il. Pourriez-vous nous communiquer les dernières prévisions atmosphériques pour Edmonton, s'il vous plaît?

La voix d'un contrôleur remplit le cockpit:

— Minuit Edmonton, nuages épars à 3 500, nébulosité variable 30 000, 27 km, température 24, humidité 15, 170 degrés à 12, altimètre 999.

— Merci infiniment, Winnipeg, répondit Pearson de sa voix traînante. Il se tourna vers Quintal qui prenait des notes. Tu y es?

— Ouais. C'était presque parfait.

Cinquante-sept minutes auparavant, à minuit GMT ou 17 h dans leur ville de destination d'Edmonton, l'aéroport était légèrement couvert de nuages épars à 3 500 pieds, avec une nébulosité variable à 30 000. La visibilité était de 27 kilomètres. La température était de 24 degrés Celsius. Les vents soufflaient à 12 kilomètres/heure, orientés 170 degrés au sud-sud-est.

Quintal dit à Pearson qu'il allait informer les passagers de la progression sans problèmes du vol.

— D'accord, dit Pearson. Je surveille le navire.

Pearson coupa le haut-parleur du cockpit pour que les transmissions du centre de contrôle n'interfèrent pas dans l'annonce de Quintal à la cabine des passagers. Il plaça ses écouteurs sur les oreilles et lâcha avec un sourire:

— Pendant ce temps-là, je vais surveiller les truites en bas.

Quintal mit en marche le système d'annonce aux passagers. Sa voix calme et professionnelle teintée d'un léger accent canadien français vint interrompre la rêverie des passagers qui terminaient leur dîner.

— Bonsoir, mesdames et messieurs, c'est votre copilote qui vous parle. Nous survolons actuellement Red Lake, nous sommes à 1 482 kilomètres d'Edmonton, à une altitude de 41 000 pieds. La température à Edmonton est de... C'est une belle journée, ciel dégagé, avec une température de 24 degrés Celsius. Merci.

Il répéta l'annonce en français, sa langue maternelle.

Pearson et Quintal se retournèrent quand un visiteur pénétra dans le cockpit. Brun, trapu et âgé de quarante et un ans, Rick Dion était un pilote privé qui avait rêvé d'occuper le siège du commandant de bord dans un cockpit de ce genre, mais qui, au lieu de cela, avait gravi les plus hauts échelons du service d'entretien d'Air Canada.

Deux jours plus tôt, Dion avait terminé une mission de cinq mois qui témoignait de son expertise. Avec le développement de l'ère informatique, les fonctions d'entretien d'Air Canada s'étaient progressivement centralisées. Dans le temps, tous les aéroports importants avaient un bureau connu sous le nom de centrale d'entretien qui était l'autorité ultime pour les systèmes mécaniques, électriques, hydrauliques et autres des appareils réparés et entretenus dans ses murs. Avec leur capacité d'échanger des volumes de données à la vitesse de la lumière, les ordinateurs avaient permis à la compagnie de coordonner ses services d'entretien à partir d'un seul bureau situé à l'aéroport Dorval de Montréal et baptisé le centre de contrôle de l'entretien. C'est là que Dion travaillait en qualité d'expert, répondant à des demandes de mécaniciens du monde entier relayées par téléphone, télétype, ordinateur et en circuit ouvert d'audioconférence. La nomination de Dion à ce poste était une indication de la confiance et du respect que lui portait la direction.

Aujourd'hui, il s'embarquait avec sa femme Pearl et Chris leur fils de trois ans pour un petit voyage à Vermillion dans l'Alberta, petite ville située dans les collines à l'est d'Edmonton, pour rendre visite au père de Pearl âgé de quatre-vingt-un ans.

Avant de monter à bord à Montréal, Dion avait repéré Pearson et l'avait salué. C'étaient de vieilles connaissances. Ils s'étaient rencontrés à Cooper Aviation, un aéroport privé où Pearson était associé dans un commerce en franchise vendant des avions ultralégers. Pearson avait invité Dion à venir dans le cockpit après le dîner ; ils pourraient parler boutique. Le mécanicien accepta aussitôt l'invitation car il connaissait mal le 767 mais mourait d'envie de le voir en action.

A l'arrivée de Dion, Quintal décida de se dégourdir les jambes.

— Tu vas faire un petit jogging à l'arrière ? demanda Pearson.

— C'est ça.

— Tu veux que je fasse asseoir tout le monde et dégager les allées ?

— Ouais, c'est ça. Vas-y.

Quintal sortit en souriant. Pearson tripota sa montre à affichage numérique ultramoderne.

— Je dois remettre cette foutue montre à l'heure si rarement que je ne me souviens jamais comment on fait, grommela-t-il. C'est plus difficile que de piloter cet appareil.

Dion embrassa du regard les caractéristiques du nouveau cockpit. Au sol, à Ottawa, avant le second décollage de la journée, il avait participé aux discussions concernant deux avaries apparemment mineures.

22

L'un de ces problèmes était la panne de l'ordinateur de quantité carburant et maintenant qu'il avait l'occasion de voir le cockpit pendant le vol, Dion chercha à comprendre en quoi ce problème affectait les opérations. Il repéra ce qu'il pensa être les jaugeurs. Celui du réservoir droit ne fonctionnait pas, mais ce qu'il prenait pour le jaugeur gauche indiquait « six, quelque chose ». Cela correspondait à une note du journal de bord placé entre les sièges des pilotes signalant que l'un des canaux processeurs de carburant était HS.

En fait, aucun des jaugeurs ne fonctionnait et, si Dion s'en était rendu compte, il aurait émis des doutes quant à l'aptitude au vol de ce 767. Dion savait que tous les autres appareils seraient immobilisés au sol dans ce cas de figure, car il n'y avait aucun moyen de surveiller l'alimentation carburant pendant le vol. Mais c'était un nouveau 767 avec ses systèmes informatisés et volontairement redondants. Dion supposa tout naturellement que l'appareil comportait suffisamment d'équipements de secours pour compenser ces jaugeurs muets. Quoi qu'il en soit, il lui faudrait vérifier le MEL (la liste d'équipement minimal) qu'il considérait comme une bible.

Si Dion avait eu une raison de consulter le passage approprié dans le MEL du 767, il aurait découvert à sa profonde surprise, qu'avec tous les jaugeurs muets, l'appareil qui le transportait avec sa famille au-dessus de l'Ontario occidental aurait dû être immobilisé au sol à Montréal.

Mais le mécanicien l'ignorait, comme le commandant et le copilote. En fait, ce que Dion prenait pour le jaugeur carburant du réservoir gauche n'était qu'un thermomètre mesurant la température du carburant dans les réservoirs, en degrés Celsius, mesure encore peu familière malgré les quatre années qui s'étaient écoulées depuis que le Canada avait adopté le système métrique en 1979.

Dion était l'un des nombreux Canadiens qui ronchonnaient qu'« on leur avait fait avaler le système métrique de force ». Quatre ans après l'adoption du système métrique, ce changement obligatoire était encore un sujet très controversé. Au tribunal de Toronto, on jugeait l'affaire d'un boucher poursuivi pour avoir vendu de la viande à la livre et non au kilo. Pour sa part, Dion trouvait encore déroutant de s'arrêter à une station-service pour remplir son réservoir de litres plutôt que de gallons et de repartir en respectant une limitation de vitesse de tant de kilomètres à l'heure. « J'ai encore des problèmes avec les mètres, les centimètres et les millimètres », avouait-il.

Air Canada avait commandé ses quatre nouveaux 767 avec des spécifications en système métrique en partie à cause d'une pression gouvernementale et Neil Fraser, un dirigeant du parti conservateur qui avait fait une virulente campagne contre l'adoption du système métrique, avait déclaré : « Si Air Canada veut faire une expérience avec le remplissage de carburant aux normes métriques, qu'il le fasse avec un avion privé utilisé par le gouvernement. »

Mais pour l'heure, les jaugeurs carburant métriques n'étaient pas la première préoccupation de Dion, car il était sûr que des systèmes de secours étaient en place. En fait, sur des écrans vidéo séparés devant les sièges du commandant et du copilote, l'ordinateur de gestion de vol avait pris le relais des jaugeurs de carburant défectueux, donnant un compte rendu sommaire de l'état du chargement de carburant.

En fait, Dion voulait discuter d'une seconde énigme de fonctionnement, le genre d'os qui apparaît souvent quand on recense les erreurs sur un nouvel appareil. Pendant la première étape du vol, le voyant lumineux du clapet du moteur droit s'était allumé, et Dion et Pearson en discutèrent. Sur chacun des deux moteurs, un clapet régulait la quantité d'air détournée vers le système d'air conditionné de la cabine. Si le clapet ne fonctionnait pas convenablement, la température de la cabine risquait de grimper en flèche. Pire, le système de dégivrage de l'avion risquait de perdre son efficacité.

Lorsque le voyant s'était allumé, Pearson et Quintal avaient rapidement consulté les manuels d'utilisation qui détaillaient la réponse appropriée. Ils commencèrent par vérifier le manuel de référence rapide pour avoir une explication concise des procédures d'urgence. Celui-ci les informa que tant qu'un seul voyant de clapet était allumé, ils ne devaient rien entreprendre à moins qu'il ne soit nécessaire de faire marcher le système de dégivrage. Mais plus tard, au sol, ils eurent le temps de consulter le MEL plus détaillé qui indiquait qu'ils auraient dû activer le groupe d'énergie auxiliaire.

En fait, le problème s'était résolu de lui-même. Le clapet fonctionnait à présent normalement, mais le pilote et le mécanicien étaient préoccupés par les divergences entre le manuel de référence rapide et le MEL.

— Il y a contradiction, dit Dion.

— Et une grosse, reconnut Pearson.

— Il faudra en parler. C'est un avion neuf. Cela risque de t'arriver souvent. Il faut le signaler.

Pearson acquiesça et se dit qu'il ferait un rapport à ses supérieurs. Ce genre de contradictions n'était pas inhabituel dans les manuels de fonctionnement d'un nouveau type d'appareil. Les pilotes et les mécaniciens devaient collaborer pour mettre au point les procédures appropriées. Pearson avait besoin d'une réponse décisive. Devait-il ou non activer le groupe auxiliaire, si et quand le voyant du clapet s'allumait ? Il fallait que le manuel de référence rapide donne la bonne marche à suivre parce que c'était le document que tout pilote devait consulter immédiatement en cas d'urgence.

— C'est tout ce qui nous intéresse, dit-il. Quand

quelque chose se passe en vol, wham! on a une manœuvre à faire et une seule!

— Exact, fit Dion.

Pearson montra le MEL plus épais et plus lourd que le manuel de référence rapide. On consultait le MEL si un problème se posait au sol avant le décollage, mais il était bien trop volumineux pour être utile pendant une urgence en vol.

Le pilote et le mécanicien continuèrent leur discussion amicale, en bons professionnels travaillant ensemble à améliorer le système. Dion remarqua:

— Écoute, ces MEL évoluent avec le temps et, tu dois le savoir, comme certains de nos plus vieux appareils, le MEL d'origine est très différent de l'actuel.

Les leçons apportées par l'expérience obligeaient Air Canada à faire des modifications constantes dans les MEL du Lockheed L-1011 et du Boeing 747 en service depuis des années et le MEL du 767 n'était qu'au début de son processus d'évolution.

Au milieu de la discussion, Quintal revint de sa pause. Voyant que Pearson était occupé et qu'il avait le manuel de référence rapide et le MEL ouverts sur ses genoux, il lui demanda s'il avait pris les notes requises quand ils étaient passés au-dessus du dernier contrôle, à Red Lake.

— Non, dit Pearson.

Quintal reporta donc les données sur le plan de vol au troisième des quatre contrôles entre Ottawa et Edmonton. Le vol 143 avait sept minutes d'avance sur son horaire, ce qui était satisfaisant, car il avait quitté Montréal avec vingt-cinq minutes de retard du fait de problèmes avec les jaugeurs carburant. Grâce à une escale plus courte que d'habitude à Ottawa, il était reparti de là-bas avec seulement huit minutes de retard. La faible charge passagers en ce paresseux après-midi de samedi avait permis à Pearson et Quintal de demander et d'obtenir la permission de voler à l'altitude maximale de 41 000 pieds au lieu des 39 000 prévus, ce qui expliquait cette avance sur l'horaire.

Ces premiers jours sur un nouvel appareil avaient été frustrants. La formation sur le tas semblait être de mise avec un vol de 767. Les avaries étaient la règle plutôt que l'exception et les systèmes informatiques étaient apparemment plus souvent en cause que les systèmes mécaniques.

« Pour une fois, pensa Pearson, tout marche bien. »

Comme à chaque contrôle, Quintal comparait à présent la charge carburant actuelle avec le minimum requis par le plan de vol. Au-dessus de Red Lake, le minimum requis pour atteindre Edmonton sans danger était de 8 500 kilogrammes de kérosène de type A-1. Quintal jeta un coup d'œil à l'écran vidéo de l'ordinateur de gestion de vol qui secondait les jaugeurs défectueux. L'ordinateur indiquait que les réservoirs d'aile du 767 transportaient 11 800 kilogrammes de carburant, un confortable excédent de 3 300 kilogrammes par rapport au minimum à ce point.

A peine Quintal avait-il terminé de reporter ces données sur le plan de vol, à 1 h 09 GMT, qu'un avertisseur sonore émit quatre bips courts en l'espace d'une seconde.

« Il y a un problème, pensa Dion. »

— Qu'est-ce que ça peut bien être ? se demanda Quintal à voix haute.

Pearson, jamais à court de vocabulaire, réagit avec encore plus de véhémence.

— Nom de Dieu ! s'exclama-t-il.

2

La cabine

A 50 mètres du cockpit du vol 143, à l'arrière de l'appareil, l'hôtesse Susan Journeaux Jewett sortit de l'office en poussant son chariot dans l'allée droite pour ramasser les plateaux et prendre les commandes de digestifs. Elle jeta un coup d'œil à sa montre. Bien qu'elle fût à 41 000 pieds au-dessus du centre du Canada, elle avait laissé son cœur à Montréal. « Que fait Victoria en ce moment ? » se demandait-elle. Pour essayer de ne plus penser à son bébé et de se concentrer sur son travail, elle se mit consciemment en « humeur maternelle » et fit de son mieux pour adoucir l'existence de ceux qui l'entouraient.

Jolie jeune femme de vingt-neuf ans aux cheveux blonds mousseux lui encadrant le visage, Jewett avait toujours rêvé d'être une hôtesse de l'air. « J'adore voyager, confiait-elle à ses amis. J'adore les avions. J'adore les aéroports. J'adore les uniformes. J'adore tout ce qui se rapporte à l'aviation, en fait. »

Elle aimait toujours voler, mais elle venait de succomber à une nouvelle passion plus terrestre. En effet, Jewett venait de connaître les joies de la maternité. Pendant son congé l'année précédente, elle avait passé son temps à dévorer des livres consacrés à l'éducation des enfants, déterminée à être une bonne mère. Après la naissance de Victoria, Jewett fut confrontée à l'ambi-valence inévitable de la mère qui travaille — elle n'avait pas le don d'ubiquité. Où qu'elle soit et quoi qu'elle fasse, son bébé occupait ses pensées. Le vol d'au-jourd'hui n'était pas surchargé, c'était déjà ça. Quand elle ne s'occupait pas de Victoria, elle prenait plaisir à materner les personnes confiées provisoirement à sa garde.

Remontant lentement l'allée, elle s'arrêta pour ba-varder un instant avec une vieille dame d'environ quatre-vingts ans qui avait des difficultés à marcher. Jewett l'accompagna aux toilettes et continua sa tâche.

Dans sa section, il y avait trois couples voyageant avec des enfants et une mère seule avec deux enfants. Susan donna des livres de coloriage d'Air Canada aux plus jeunes.

Elle servit un autre Rusty Nail au malabar bourru installé dans la rangée centrale — celui qui avait l'air un peu énervé. Elle connaissait ce genre par cœur. C'était un passager de classe touriste qui attendait un service de première classe. Elle avait beau faire de son mieux, rien ne semblait le satisfaire.

Finalement elle s'approcha d'un jeune homme trapu voyageant seul qui était plongé dans le magazine de la compagnie.

Jusque-là, Mike Lord avait une impression mitigée du vol. La truite de l'Arctique qu'on lui avait servie au dîner était excellente, surtout accompagnée d'une bière fraîche. Mais le programme du film était décevant ; il avait déjà vu Richard Pryor dans *Le Jouet*. A peine venait-il de décider de le revoir pour tuer le temps que Jewett vint l'informer que le projecteur était en panne.

— Si vous voulez, vous pouvez passer dans l'autre section pour voir le film.

— Non, décida Lord. Je vais reprendre une ou deux bières et me détendre, hein ?

Elle lui donna une bière et Lord reprit son magazine. Il songea que sa cousine Deb devait s'apprêter à partir de chez elle pour venir le chercher à l'aéroport.

Célibataire de trente-quatre ans, propriétaire d'une maison modeste dans le quartier est de Montréal, Lord faisait tous les ans un pèlerinage obligatoire dans l'Ouest canadien pour rendre une visite estivale à son frère Brian, sa tante Mame et son oncle Kenny. Ce voyage suscitait en lui des émotions mitigées. Il reverrait sa famille avec plaisir mais Danielle Laroche, sa petite amie depuis sept ans, allait lui manquer ainsi que le sanctuaire de sa salle de détente avec sa stéréo qui lui permettait d'oublier les problèmes du monde et son bar bien approvisionné pour le plus grand plaisir de ses amis. Quand on laissait entendre que le bar lui était surtout destiné, il niait en se livrant à une parfaite imitation de W. C. Fields : « Pour ma part, c'est à peine si je bois, hein ? »

Mais il avait déjà descendu plusieurs bières aujourd'hui, en partie parce qu'il n'était jamais complètement à l'aise en avion, attitude qui s'était accentuée quand, six semaines plus tôt, il avait acheté son billet.

Lord avait traversé Montréal, le cœur de la deuxième ville du Canada, en empruntant un périphérique peuplé de conducteurs suicidaires qui vous collaient aux pare-chocs, de dingues qui changeaient de file sans prévenir et de fous de vitesse qui avaient longtemps méprisé la limite fixée à 60 milles à l'heure et faisaient preuve du même manque de considération à l'égard de celle de 100 kilomètres/heure. Il avait suivi les panneaux rédigés en français et en anglais qui ponctuaient la route menant à l'aéroport international de Dorval coincé au milieu du quartier industriel et résidentiel sur l'île occidentale de Montréal. Ayant fini par trouver une place de parking, il s'était dirigé vers le comptoir d'Air Canada.

31

La préposée avait dû sentir le doute poindre chez son plantureux client, car elle s'était lancée dans un long baratin publicitaire, vantant les mérites de l'avion auquel Lord confierait sa vie dans six semaines. C'était le flambant neuf, étincelant, hypersophistiqué Boeing 767. Avec un peu de chance, Lord aurait peut-être même l'occasion de voir le cockpit. Bien des aménagements étaient un héritage direct du programme de la navette spatiale américaine. Des écrans de visualisation couleur fournissaient des données constantes sur l'état des systèmes d'exploitation de l'appareil et un bloc de soixante ordinateurs situé dans le tableau électronique sous le poste de pilotage surveillait tous les détails du vol. L'appareil était d'une telle modernité que, contrairement aux autres avions de la compagnie, le 767 utilisait le système métrique et non le vieux système légal des poids et mesures.

— Ça m'a l'air parfait, hein, dit Lord.

Mais il pensait : « Des ordinateurs ? J'espère que ces fichus trucs ne ressemblent pas aux nôtres. » Lord avait récemment connu des difficultés dans son travail d'opérateur pour une entreprise de télécommunications à cause de défaillances dans le système de traitement de la compagnie. Il alluma une cigarette et grommela :

— Pas de problème, hein ?

Inconsciente des doutes que Lord nourrissait à propos de l'ère de la technologie, la préposée avait conclu son laïus sur le 767 en s'exclamant : « C'est votre jour de chance ! »

Mais il ne se sentit pas particulièrement chanceux quand, le fameux 23 juillet, il monta à bord de l'énorme cabine de l'appareil. Il avait attaché sa ceinture dès l'instant où il s'était assis en la serrant le plus possible. « Ce truc va pas servir à grand-chose si on s'écrase », conclut-il, et plusieurs scénarios plus sinistres les uns que les autres lui vinrent aussitôt à l'esprit. Après que le pilote eut annoncé un bref retard dû à des problèmes avec les jaugeurs carburant, il se lança dans un inconfortable monologue intérieur. Est-ce possible qu'une porte s'ouvre et qu'on soit aspiré vers l'extérieur? Il paraît que, quand ces trucs passent dans un trou d'air, les passagers se fracassent le crâne contre le plafond. Vaut mieux garder la ceinture attachée tout le temps à ce compte-là, hein? Il fait beau mais on ne sait jamais ce que le temps vous réserve.

Il avait attendu le décollage avec impatience, guettant l'instant où le signal interdisant de fumer s'éteindrait. Dès que cela se produisit, il alluma une cigarette et réclama une bière à l'hôtesse, bien qu'elle ne proposât pas de rafraîchissements lors de cette première étape courte. Il eut à peine le temps d'ingurgiter sa bière qu'ils approchaient d'Ottawa.

Pendant l'escale, il avait ignoré la demande de l'hôtesse priant les passagers de rester à bord et était descendu pour griller une cigarette ou deux avant le long vol jusqu'à Edmonton.

Maintenant, ils étaient à mi-chemin. Il n'y en avait plus pour trop longtemps, hein?

Devant Mike Lord, sur l'aile droite, Nigel Field lisait un roman policier. Avec une réserve et une sérénité toutes britanniques, il acceptait sans sourciller les rigueurs du voyage. Après trente années au service des Chemins de fer canadiens, il était responsable de la planification des rendements des usines, poste qui lui donnait fréquemment l'occasion de traverser le Canada en avion.

Né à Hern Hill, près de Londres, Field s'était engagé dans l'armée de réserve de la Royal Air Force en 1949 et avait gagné ses galons à bord du De Havilland Chipmunk. Son entraînement l'avait amené à passer deux semaines avec l'armée de l'air canadienne. Après avoir obtenu son diplôme d'ingénieur des travaux pu-

33

blics à l'université de Londres, il avait projeté de voir un peu de pays avant de s'installer et avait choisi le Canada comme première étape. « Je resterai un ou deux ans au Canada, pensa-t-il. Puis j'irai peut-être en Australie et peut-être en Nouvelle-Zélande avant de rentrer en Angleterre. »

En 1955, Field atterrit à Toronto avec quarante-deux dollars en poche, trouva rapidement une place à la compagnie des Chemins de fer canadiens et fit venir sa fiancée Maureen. Quelque trente ans plus tard, ils étaient encore au Canada. Le plus jeune de leurs cinq enfants volait presque de ses propres ailes et un nouveau petit-fils venait de naître. Nigel Field était un homme heureux.

Cela faisait longtemps que Field était initié à l'art du pèlerin placide. Cela ne servait à rien de s'agiter pour des détails qu'on ne contrôlait pas. Les retards, les bagages perdus et les erreurs de réservation étaient chose courante dans les voyages d'affaires dans ce monde frénétique, si bien que si l'on acceptait ces inconvénients, on n'était pas surpris quand ils se produisaient.

Comme Field était arrivé de Cornwall, où il habitait, à l'aéroport Dorval de Montréal avec un peu d'avance après une heure de train, c'est détendu qu'il avait pris l'avion. Un à-côté agréable l'attendait à la fin de ce voyage d'affaires de fin de semaine. Après avoir terminé son travail à Edmonton, il devait rejoindre Vancouver pour rendre visite à son nouveau petit-enfant.

Et puis il y avait l'avion. En tant qu'ancien pilote, Field était fasciné par le 767.

En résumé, c'était un gentleman content qui avait apprécié le vol jusque-là. C'est alors qu'il eut une heureuse surprise. En levant les yeux de son livre, Field remarqua tout à coup l'une des hôtesses, une jolie blonde, qui passait derrière son chariot.

— Bonjour! s'écria-t-il. Vous vous souvenez de moi?

Ils s'étaient rencontrés quelques mois auparavant. Field était en voyage d'affaires et Jewett passagère sur le même vol. Elle allait montrer son bébé Victoria à sa sœur Judy à Smithers en Colombie britannique. Comme le vol était plein à craquer, avec son passe, Jewett s'était retrouvée coincée dans la rangée centrale. Assise sur ses genoux, sa fille n'avait pas tardé à s'agiter.

Field, qui s'y connaissait en matière de bébés agités, avait fait de son mieux pour aider la jeune femme. Elle lui avait été reconnaissante de ses efforts et ils avaient gentiment bavardé. A la fin du voyage, Susan lui avait révélé qu'elle était hôtesse de l'air à Air Canada. Si Field la voyait sur un de ses voyages, il devait se manifester. Elle veillerait à ce qu'il reçoive un traitement de première classe en échange de son assistance. L'occasion venait de se présenter.

— Donnez-moi une minute et je viens bavarder avec vous, promit-elle.

Sur le côté gauche de la cabine avant, à l'opposé de Nigel Field, l'hôtesse Danielle Riendeau se préparait à dîner quand elle remarqua une passagère âgée qui semblait tendue et nerveuse.

— C'est votre premier vol? demanda Riendeau en français, devinant la langue maternelle de son interlocutrice.

— Oui et je suis terrifiée.

— Allons, tout ira bien. Il n'y a pas de quoi s'inquiéter.

La femme hésita puis demanda timidement:

— Vous voudrez bien me tenir la main quand nous atterrirons?

Riendeau lui expliqua que le règlement exigeait

qu'elle soit assise sur son strapontin près de l'issue de secours sur l'aile gauche.

— Mais vous pourrez me voir de votre place. Ne vous inquiétez pas.

Elle lui sourit et repartit dîner.

En vol, Riendeau faisait toujours en sorte d'équilibrer son alimentation et choisissait soigneusement ses plats. Canadienne française, grande et belle brune aux cheveux longs et bouclés, Danielle avait une beauté saine qui démentait le fait qu'au bout de dix ans, voler lui donnait encore la nausée.

Au début de sa carrière, elle donnait l'impression de passer autant de temps dans les toilettes que dans la cabine des passagers. Mais elle tint bon. Et elle apprit progressivement à contrôler ses nausées. Elle apprit à ne jamais voler l'estomac vide. Elle apprit à éviter les vols de nuit et les longs vols transatlantiques. Et elle apprit aussi que son estomac supportait mieux les appareils spacieux, raison pour laquelle elle appréciait l'énorme 767.

Elle venait de passer un mois à voler en compagnie de son amie Annie Swift. Celle-ci était d'excellente humeur quand Riendeau était passée la prendre en voiture en début d'après-midi.

L'humeur de Swift s'était révélée contagieuse. Les deux femmes n'avaient pas tardé à pouffer de rire au souvenir du tour qu'elles et leurs consœurs avaient joué la semaine précédente au chef de cabine Bob Desjardins. Elles avaient appris que c'était son anniversaire. Et pendant le vol, au-dessus du Saskatchewan, après s'être mis une bonne couche de rouge à lèvres brillant et criard à souhait, elles avaient convoqué le jeune homme réservé dans l'office et l'avaient couvert de baisers. Puis, tout en chantant « Bon anniversaire » en chœur, elles l'avaient entraîné dans les allées au grand amusement de tous les passagers. Pour finir, elles

36

avaient fabriqué une carte d'anniversaire de fortune, remis du rouge et appliqué leurs lèvres sur la carte, pour mettre Desjardins au défi de deviner à qui appartenaient ces lèvres. Il avait lamentablement échoué à la grande joie de ses consœurs.

Après avoir desservi et installé les passagers pour le film, Susan Jewett alla rejoindre Nigel Field comme promis.

L'homme d'affaires d'origine anglaise posa son livre en la voyant arriver.

— Vous allez regarder le film? demanda Jewett.

— Non, j'aimerais mieux bavarder avec vous.

Jewett s'agenouilla sur le siège devant Field. Il demanda des nouvelles du bébé — le sujet préféré de l'hôtesse — et elle le remercia à nouveau d'avoir fait preuve d'autant de patience et de gentillesse lors de leur rencontre.

— Victoria a un an maintenant, dit-elle, radieuse.

Ayant lancé Jewett sur ce sujet, Field fut bientôt submergé de détails sur la vie de Victoria. Il n'était pas question de la nourrir de petits pots, elle ne mangeait que des fruits et des légumes du jardin cultivés sans engrais. Les peluches de Victoria ne contenaient pas de parfums toxiques. Susan dévorait les livres du Dr Spock. Elle confia à Field que son mari (un copilote de 727 d'Air Canada) et elle venaient de prendre une décision qui allait transformer leur vie. Ils renonceraient au salaire de Susan, du moins pendant un an, pour qu'elle se consacre à plein temps à sa maternité. Elle n'avait plus que quelques mois à faire avant son année sabbatique.

Field répliqua avec ses propres nouvelles familiales. Il lui parla avec fierté de son nouveau petit-fils qu'il devait voir au cours de ce voyage.

Jewett et Field conversèrent tranquillement pendant

une dizaine de minutes jusqu'à ce que, craignant que ses collègues ne pensent qu'elle négligeait ses obligations, Jewett commence à se demander comment prendre congé de son interlocuteur. Son visage s'éclaira lorsqu'elle se souvint que Field était un ancien pilote de réserve de la RAF.

— Cela vous ferait-il plaisir de voir le poste de pilotage de ce nouvel appareil ?

Field était ravi.

— Et comment !

Ce genre d'excursion était impensable aux États-Unis où le règlement de l'Agence fédérale de l'aviation interdisait l'accès au cockpit aux passagers. Au Canada, où les problèmes de sécurité étaient moindres, le règlement était plus souple, et c'était le moyen idéal de remercier Field de sa gentillesse. En outre, Pearson était l'hôte rêvé dans un cockpit. C'était non seulement un grand pilote mais un sacré personnage. « Avec Pearson, vous êtes sûrs d'en avoir pour votre argent », avait coutume de dire Jewett aux passagers. Le charisme et la joie de vivre de Pearson fascinaient adultes et enfants. Elle avait une occasion de tirer parti de la nature magnanime de Pearson. « Génial, pensa-t-elle. Nigel va adorer. »

— Il faut que vous alliez dans le cockpit. Ce pilote est extraordinaire. Une sacrée personnalité. Vous pourrez tout lui demander.

A cet instant, Jewett et Field sentirent que l'avion perdait un peu d'altitude. Cela ne les inquiéta pas. Un changement d'altitude pouvait s'expliquer de mille façons : correction de route, conditions atmosphériques, modifications dans la configuration des vents dominants. Ils jetèrent toutefois un coup d'œil par le hublot, surveillant inconsciemment la façon d'agir du pilote. La nébulosité n'ayant apparemment rien de remarquable, ils oublièrent rapidement l'incident.

Susan prit congé pour se rendre dans le cockpit.

Assise sur le côté gauche de l'appareil, sur l'aile, la passagère Shauna Ohe eut la même sensation de chute que Jewett et Field mais elle en conçut de l'inquiétude. Elle se redressa sur son siège.

— Que se passe-t-il? demanda-t-elle à son compagnon Michel Dorais.

— Rien, dit-il en levant le nez de son livre d'histoire.

Ohe et Dorais étaient la preuve vivante de l'axiome disant que les contraires s'attirent. Agé de quarante-quatre ans, Ohe avait neuf ans de plus que Dorais. Mère divorcée de trois grands enfants, Ohe avait une nature impulsive et capricieuse qui contrastait avec l'approche plus directe de la vie de Dorais. Elle était originaire du Saskatchewan central, d'un petit village du nom de Wynyard, fondé au XIXe siècle par des colons islandais. Elle s'était mariée et installée à Edmonton, mais après son divorce au bout de quatorze ans de mariage, en quête de changement, elle s'était mise à chercher le job qui donnerait une nouvelle orientation à sa vie. Et au lieu de cela, elle avait rencontré Dorais.

Barbu au front dégarni, Michel Dorais avait réussi à force de travail et de ténacité. Il avait émigré de son Montréal natal à Edmonton en 1969 et avait aussitôt entrepris de surmonter le handicap que représentait son héritage canadien français. Il prit un travail d'homme à tout faire dans un supermarché et travailla la nuit pour pouvoir étudier l'anglais pendant la journée. Il évita de fréquenter la petite colonie de francophones du Canada de l'Ouest pour s'obliger à apprendre l'anglais. Il lut un livre par jour en anglais.

Ses efforts finirent par payer. Ses connaissances de l'anglais lui permirent bientôt de se lancer dans la vente d'assurances sur la vie et, en 1983, il était très respecté dans son domaine, faisait partie du groupe d'élite du monde de l'assurance, le Million Dollar Round Table, et comptait parmi ses clients les cadres les plus en vue d'Edmonton.

En 1979, c'est en tant que candidate pour un emploi que Shauna Ohe entra dans son bureau. Ce ne fut pas un coup de foudre. Ohe n'accepta même pas la place qu'il lui proposait, mais ils se lièrent d'amitié. Ils n'étaient devenus amants que très récemment et venaient juste de décider de vivre ensemble.

Ce jour-là, ils rentraient de Montréal où ils avaient rendu visite aux parents de Dorais après avoir fait un tour en voiture dans les provinces maritimes. C'est détendus et heureux qu'ils étaient montés dans l'avion du retour.

Leur plaisir avait légèrement été gâché quand, avant le décollage, le pilote avait expliqué qu'ils auraient un peu de retard à cause d'un problème avec les jaugeurs carburant.

« Ils n'ont qu'à faire le plein et y aller », avait marmonné Ohe.

« Ils ne peuvent pas faire ça », avait décrété Dorais.

Il se trouvait que Dorais avait un ami qui était contrôleur de charge à Air Canada. Et celui-ci lui avait expliqué ce que l'on entendait par le « concept du minimum carburant ». Dorais en fit un résumé à Ohe.

Faire le plein d'un avion de ligne est à la fois un art et une science. Manifestement, aucun pilote n'est prêt à décoller avec une charge carburant insuffisante, mais l'inverse est également vrai. Le kérosène emmagasiné dans les ailes est un lourd fardeau. Une surcharge de carburant présente des risques car cela exige un roulement plus long au décollage. Cela ne sert à rien et cela coûte cher. L'astuce est de calculer la charge carburant de sorte que ni la sécurité, ni l'efficacité ne soient compromises.

Le concept du minimum carburant excluait la facilité.

Cela coûterait trop cher de remplir les réservoirs à ras bord. Si le pilote demandait une chose pareille, il serait dans la merde.

Quand Ohe s'inquiéta du brusque changement d'altitude, Dorais avait encore une explication toute prête à lui proposer. Il lui rappela l'incident qui s'était produit lors d'un vol qu'ils avaient effectué entre Victoria et Vancouver. Pour quelque raison inexpliquée, le pilote avait réduit la puissance des moteurs et ils avaient remarqué la brusque décélération de l'appareil. Ohe avait paniqué et Dorais ne tenait pas à ce qu'elle recommence.

— Souviens-toi de l'autre fois, lui conseilla-t-il. Il n'y avait pas lieu de s'inquiéter et aujourd'hui, c'est pareil. Détends-toi.

Mike Lord sirotait sa bière lorsqu'il sentit sa ceinture de sécurité lui comprimer le ventre, comme dans les montagnes russes quand le chariot passe une crête. Il jeta un regard anxieux autour de lui, et ses yeux rencontrèrent ceux d'une jeune femme assise deux rangées derrière lui au centre de l'appareil. Elle haussa les épaules. Lui aussi. Comment savoir ce que fabriquaient ces pilotes avec leurs ordinateurs?

Un bloc sur les genoux, l'hôtesse Annie Swift était assise au centre de la dernière rangée de sièges. Son dîner terminé, elle écrivait un petit mot de remerciements à la sœur de son petit ami qui les avait reçus lors de leur dernier congé sabbatique à Premier Lake, une station d'Okanagan en Colombie britannique. Elle lui racontait que son séjour avait fait renaître sa passion pour l'équitation.

« J'ai monté Nadjaya ce matin, écrivit-elle. Dix ans! Tu te rends compte, cela faisait dix ans que je ne l'avais pas monté. » Nadjaya était le nom russe que Swift avait donné à son pur-sang bai, ce qui voulait dire « espoir et espérance ».

Monter à cheval, maîtriser la puissance de cet animal exquis avait jadis été la passion exclusive de Swift. S'occuper des chevaux, chevaucher à travers la campagne et apprendre aux autres à monter avait été toute sa vie. Pourquoi avait-elle abandonné ? Comment avait-elle pu ? Mais elle savait que c'était dû à un trait de son caractère. Quoi qu'elle entreprît, Swift était déterminée à s'y donner à fond. Lorsqu'elle était devenue hôtesse à Air Canada dix ans auparavant, elle avait consacré toute son énergie à son travail. Elle n'avait pas supporté l'idée de devenir une cavalière occasionnelle. « Ce serait trop pénible. » Et elle avait donc enfoui la joie que lui procurait l'équitation dans un coin de sa mémoire, jusqu'à ce matin-là.

Cette jeune femme de trente et un ans avait eu une année difficile. Elle devait prendre des décisions à propos de sa vie et de son avenir. Sa liaison avec son petit ami, copilote sur des Boeing 727 à Air Canada, avait atteint le point où tous les deux devaient décider soit d'aller plus loin soit de se quitter. C'était un homme merveilleux qui tenait à elle, mais Swift avait eu des difficultés à répondre à son désir de vivre avec elle de façon permanente. La perspective de s'installer l'attirait et la terrifiait en même temps. Elle savait qu'il lui manquait quelque chose d'indéfinissable, mais elle n'était pas sûre que le mariage soit la solution.

Ce voyage à Okanagan avait été une tentative d'y voir clair. Swift avait espéré que le cadre spectaculaire des Rocheuses canadiennes l'aiderait à faire le point. Elle avait trouvé la réponse non pas dans les montagnes mais dans la prairie. Chaque jour, elle s'était émerveillée devant le spectacle des troupeaux de chevaux sauvages. Et elle avait compris. « Il faut que je m'y remette. »

Le jour de son retour dans la maison qu'elle partageait avec son petit ami à Pointe-Claire au Québec à six kilomètres de l'aéroport Dorval de Montréal, Swift avait appelé son ami intime et son oncle de substitution, Ludwig Popiel, à qui elle avait vendu son bien-aimé Nadjaya, pour prendre des dispositions afin de recommencer à monter.

Ce matin-là, lorsqu'elle avait enfourché le dos puissant de Nadjaya et qu'elle s'était élancée dans les chemins de la campagne canadienne française qui serpentaient entre des terres sans clôtures, elle avait compris ce qui lui manquait. « Voilà ma vie. »

Monter à cheval lui tenait plus à cœur que son métier d'hôtesse et le souvenir de sa matinée la plongea dans une délicieuse rêverie.

Sa rêverie fut interrompue par une brusque secousse, une sensation reconnaissable entre toutes, comme si l'appareil s'était un peu cabré avant de perdre de la vitesse. Un sentiment de déjà vu l'envahit. Quelques mois plus tôt, sur un Lockheed L-1011, une erreur d'ordinateur avait provoqué un ralentissement et une perte d'altitude de l'appareil. Cela avait été suivi d'une décompression qui avait affolé tout le monde. Les pilotes avaient immédiatement repéré l'erreur, mais ils avaient été obligés de descendre rapidement pour atteindre une altitude plus respirable.

Cette expérience lui avait laissé une impression durable. Swift savait que cette sensation serait toujours synonyme d'inquiétude pour elle, et voilà qu'elle venait de l'avoir à nouveau.

3

Le cockpit

Un voyant orange brillait devant chaque pilote, redondance qui venait accroître l'inquiétude provoquée par le signal sonore. Réagissant immédiatement, le copilote Maurice Quintal vérifia un message sur l'écran de visualisation couleur des paramètres de fonctionnement critique moteurs et d'alerte équipage qui expliquait en détail la source du problème.

— Il y a quelque chose qui cloche avec la pompe carburant, rapporta-t-il.

— Pompe carburant avant gauche, confirma le commandant Pearson.

Quintal poussa le voyant orange pour le désactiver.

Sans hésitation, les deux hommes revinrent à un mode d'exécution normal. Au son de l'avertisseur, la routine céda le pas à l'extraordinaire. Que la situation se révèle critique ou simplement ennuyeuse — ou même s'il s'agissait d'une fausse alerte —, que cela dure longtemps ou pas, jusqu'à ce que cela soit fini, les deux pilotes confirmeraient la moindre donnée, revérifieraient le moindre geste. Quand un signal sonore et un voyant orange signalaient soudain que l'une des merveilles d'ingénierie les plus sophistiquées du monde avait besoin de l'aide d'un être humain, un pilote justifiait vraiment son salaire.

« D'abord, pensa Pearson, définir le problème. »

— Bon, qu'est-ce qui se passe ? J'espère qu'il s'agit juste de l'avarie de cette foutue pompe.

Sur chaque moteur, une pompe tirait du carburant des réservoirs. Dans chacun des trois réservoirs — un sur chaque aile et un dans le ventre —, deux pompes carburant poussaient également un approvisionnement constant de kérosène vers les moteurs. Que l'appareil monte ou descende ou s'incline à droite ou à gauche, au moins l'une des pompes de chaque réservoir serait en position de fournir du carburant aux pompes des moteurs. L'ensemble du système était harmonisé par un réseau entrecroisé de tuyauteries. En cas de besoin, les pilotes pouvaient brancher le système d'alimentation croisée pour rééquilibrer la charge carburant dans les réservoirs.

Le voyant lumineux orange leur signalait que la pompe avant du réservoir de l'aile gauche travaillait à un niveau de pression anormalement bas. Peu leur importait pourquoi. La première priorité du pilote était de contourner le problème. Conserver l'appareil en l'air. Pearson ouvrit un robinet d'intercommunication pour que le moteur gauche reçoive du carburant du réservoir de l'aile droite jusqu'à ce que Quintal, le mécanicien Dion et lui-même puissent décider de la prochaine étape.

Le manuel de référence rapide était toujours ouvert sur les genoux de Pearson. Il le feuilleta rapidement, trouva le paragraphe approprié et le lut aux autres : « Si un voyant de pression d'un réservoir principal est allumé, continuer en fonctionnement normal. Si un voyant de pression d'un réservoir central est allumé, brancher le robinet d'intercommunication. »

— On n'en a donc pas besoin, conclut-il.

Selon le manuel, comme seule l'une des pompes carburant du réservoir gauche fonctionnait à basse pression, il n'y avait pas de raison de s'alarmer.

— C'est ça, déclara Pearson. Continuons en fonctionnement normal.

Il ferma le robinet d'intercommunication et, pendant quelques instants, le silence régna dans le cockpit.

Mais malgré le conseil lénifiant du manuel de référence rapide, chacun des trois hommes dans le cockpit passa silencieusement et rapidement en revue les événements de la journée. La logique simple du manuel ne pouvait pas tenir compte de ce que les trois hommes avaient vu et entendu à Montréal et à Ottawa pendant qu'on faisait le plein de l'appareil. Un vague sentiment de malaise envahit le cockpit lorsque chacun des hommes se dit que ce qui venait de se passer n'était peut-être qu'un prélude.

Dion regarda le voyant orange clignoter puis se stabiliser et fouilla sa mémoire. De temps en temps, un mécanicien doit vidanger un réservoir de carburant avant de travailler dessus et Dion savait que ce voyant pouvait s'allumer peu avant que le réservoir ne soit complètement vide. D'un autre côté, ce signal pouvait simplement indiquer que la pompe était bouchée. Dion se souvenait d'un cas où un mécanicien avait par inadvertance laissé un chiffon dans le réservoir. Le chiffon avait bloqué le système en remontant jusqu'à l'entrée de la pompe.

Le message du signal sonore et du voyant orange était donc ambigu : soit il dérangeait les trois hommes pour un problème mineur, soit il les prévenait de l'imminence d'une catastrophe.

Il ne fallut que quelques secondes pour que de vagues angoisses se transforment en une peur réelle. Quatre nouveaux bips se mirent à beugler dans l'atmosphère déjà lourde du cockpit. Un nouveau message apparut sur l'écran de visualisation couleur : la deuxième pompe du réservoir de l'aile gauche tombait en panne.

— Oh! merde! gronda Pearson.

47

Il prit aussitôt une décision. Nous devons aller à Winnipeg. Cette deuxième panne était tout simplement trop remarquable pour être une coïncidence. Les deux pannes avaient certainement les mêmes causes. Il était évident maintenant que le circuit carburant gauche avait un problème important et le commandant prit une décision immédiate. « Nous avons des problèmes d'ordinateur que je ne comprends pas, pensa Pearson. Je vais à Winnipeg pour faire réparer. » Il se dit qu'il détournerait le vol vers le terrain d'atterrissage approprié le plus proche, Winnipeg, au sud-ouest de leur position actuelle.

Se souvenant qu'il avait un mécanicien qualifié sous la main, Pearson demanda son avis à Dion. Que signifiait la panne des deux pompes carburant de l'aile gauche?

— Ah, selon moi, le niveau de carburant dans le réservoir gauche doit être bas.

Lui aussi pensait qu'il y avait un lien entre les pannes. Le problème ne venait pas des pompes, c'était plutôt du côté de l'alimentation carburant qu'il fallait chercher. Dion pensa que quelqu'un avait dû faire une erreur dans le calcul du chargement en carburant du réservoir de l'aile gauche. Ceci étant le cas, ils devaient maintenant activer le système d'intercommunication et alimenter les deux moteurs avec le réservoir de l'aile droite. Étant donné l'incertitude de la situation, Dion fut d'accord avec la décision de dévier sur Winnipeg.

« Que s'est-il passé? » pensait Quintal. Il revécut mentalement la procédure de ravitaillement à Montréal. Il se souvint du mal que les mécaniciens avaient eu à faire une opération d'arithmétique simple pour calculer le chargement de carburant.

Pearson interrompit les réflexions du copilote en répétant sa décision:

— Mettons le cap sur Winnipeg maintenant! Demandez l'autorisation d'atterrir à Winnipeg.

Même dans le feu de l'action, Pearson eut le sang-froid d'ajouter : « S'il te plaît. »

Pearson coupa le pilote automatique et reprit les commandes. Il s'occuperait lui-même du reste de ce vol avorté. Quintal savait que son boulot consistait à faire tout ce qui était en son pouvoir pour l'aider. Derrière eux, Dion était tout attention, prêt à offrir son assistance. Mais autre chose le préoccupait. Des trois, il était le seul à avoir sa famille à bord.

Quintal se saisit du micro pour demander l'autorisation immédiate de dévier sur Winnipeg. Mais il eut un instant d'hésitation avant de parler. « Je sais ce qui va se passer », pensa-t-il. Il essayait d'oublier qu'il n'était sur ce vol que par un caprice du destin. Paul Jennings aurait dû faire équipe avec Pearson ce mois-ci, mais il était malade, et Quintal était le premier sur la liste d'attente. En réserve comme un médecin de garde, il devait être prêt d'une minute à l'autre pour partir pour San Francisco, la Barbade, Londres, Paris, Genève, Düsseldorf ou Edmonton. De sorte que c'était lui qui était là, à la place de Jennings, soudain confronté à une urgence d'une dimension inconnue.

Pour la première fois de sa vie, Quintal regretta de ne pas être sur le plancher des vaches.

A l'exception peut-être de Wilbur et d'Orville Wright, aucun être humain n'avait fait preuve d'autant de ténacité pour voler que Maurice Armand Nicolas Joseph Quintal.

Après son bac, il s'inscrivit à l'institut aéronautique de Québec de Montréal, choisissant cette école à cause de l'attrait que le mot « aéronautique » revêtait pour lui. Il projetait de devenir technicien d'aviation parce qu'il savait qu'il gagnerait mieux sa vie dans cette profession qu'en travaillant dans la boucherie paternelle.

49

Toutefois à l'Institut, il ne découvrit pas un moyen de gagner sa vie mais une raison de vivre. Le mince Canadien français brun à la voix douce se fit facilement des amis et c'est avec un groupe de ses condisciples qu'il eut son baptême de l'air à bord d'un petit monomoteur Cessna 172. Assis à l'arrière, il sentit son cœur battre la chamade quand le pilote emballa le moteur et engagea son appareil sur la piste de décollage. A l'instant même où l'appareil quitta le sol, surmontant magiquement la force de gravité, la quête de Quintal commença. Il ne serait pas technicien mais pilote.

Cette résolution le soutint pendant un an et demi, le temps qu'il poursuive sa formation technique à l'Institut pendant la semaine, tout en travaillant à la boucherie paternelle le week-end pour payer ses leçons de pilotage. Toutefois, il se rendit progressivement compte que son rêve était trop cher pour lui. Il voulait décrocher sa licence de pilote privé, sa licence de pilote professionnel, sa qualification aux instruments et sa qualification pour piloter des bimoteurs. Il voulait piloter pour les compagnies d'aviation mais au rythme où cela allait, cela lui prendrait des siècles. Il ne semblait plus lui rester qu'une alternative et c'était de s'engager dans l'armée de l'air du Canada pour que le gouvernement lui apprenne à piloter.

Quintal ne tarda pas à comprendre son erreur. Il rejoignit les rangs de l'armée de l'air en avril 1968 au moment même où le Premier ministre Pierre Trudeau prenait la décision de diminuer les budgets militaires et de fermer les écoles d'entraînement. Le temps que Quintal passa dans l'armée, les effectifs chutèrent de 120 000 à 85 000. Pour sa première mission, Quintal fut envoyé à Saint-Jean au Québec non pas pour apprendre à piloter mais pour étudier l'anglais.

Néanmoins, il se retrouva aux commandes d'un avion-école de type Chipmunk, puis à celles d'un

CL-41, l'avion qu'utilisaient les Snowbirds, l'équipe de voltige aérienne de l'armée de l'air canadienne.

Le jeune officier n'appréciait guère la mentalité militaire. Il passait beaucoup plus de temps à astiquer sa chambrée qu'à voler. Comme il s'était engagé pour piloter et non pour faire le ménage dans sa chambre, il se sépara de l'armée de l'air à la première occasion. « J'ai quitté l'armée de l'air pour devenir pilote », avait-il l'habitude de dire.

En novembre 1968, Quintal était revenu à la vie civile. Il savait déjà piloter. Il le savait mais la bureaucratie exigeait de lui qu'il le prouve par un nombre suffisant d'heures de vol et il lui en manquait encore beaucoup.

A Montréal, les avions de location coûtaient vingt dollars canadiens de l'heure et c'était trop pour ses finances. Aux États-Unis, Quintal pouvait voler pour l'équivalent de onze dollars de l'heure, si bien qu'un samedi, il traversa la frontière à Plattsburgh dans l'État de New York, loua un avion pour la durée d'un week-end, prit la direction du sud et se retrouva à Greensboro en Caroline du Nord. Il passa une petite annonce dans les journaux proposant des vols pour Nassau à quinze dollars seulement et, quand il avait suffisamment de passagers pour couvrir ses dépenses, il les emmenait en vacances et ajoutait ces heures sur son carnet de vol. Entendant parler d'un pilote qui projetait de se rendre à West Palm Beach en Floride, il le persuada de lui prêter son Cessna et se rendit à Miami, fit le tour du golfe du Mexique jusqu'à Yucatan et revint à la case départ. Cela faisait toujours quelques heures de vol de plus.

Quintal mena cette existence de romanichel pendant deux ans, accumulant les petits jobs de toutes sortes tout en tenant le manche d'un avion dès qu'il en avait l'occasion. Il finit par compter suffisamment d'heures de vol pour obtenir la qualification de moniteur. Travaillant à mi-temps dans une école de pilotage, il commença enfin à gagner sa vie (en dehors de l'armée de l'air) en tant que pilote professionnel, mais il était encore très loin de l'objectif qu'il s'était fixé et qui lui revenait en mémoire chaque fois qu'il voyait un avion à réaction décoller de Dorval.

Un ami lui dit incidemment qu'il connaissait un homme qui engageait des pilotes pour transporter des DC-3 dans le nord.

« Tu as une qualification aux instruments, non ? » lui demanda son ami.

« Oui », répondit Quintal, sans préciser que sa qualification était arrivée à expiration.

Quintal fut engagé par téléphone et dut potasser — et réussir — l'examen écrit requis. Il économisa suffisamment d'argent pour louer un Apache bimoteur et persuada un inspecteur du ministère des Transports qui était aussi un de ses amis de lui faire faire un vol de vérification. Après avoir volé autour de Montréal pendant environ une heure, Quintal fit un atterrissage un peu chaotique. Son ami lui dit : « Techniquement, c'est à revoir, mais je vais tout de même te signer ta licence. Tu es un peu rouillé, mais quelques heures de plus suffiront à te remettre à flot. »

Ce même jour, Quintal prit la direction du nord. Il passa l'année suivante à transporter du fret sur la rivière Matagami prise par les glaces. Les journées étaient longues — de 7 heures du matin à 7 heures du soir, cent cinquante heures par mois — mais la paie était bonne. En outre, quand il rentra à Montréal, il avait acquis suffisamment d'expérience pour obtenir un job de moniteur de pilotage dans un programme de formation de pilote provincial pour des étudiants. Les avions de ligne restaient aux mains de quelques privilégiés.

En 1973, en quête de pilotes possibles, Gilles Lafreniere, recruteur d'Air Canada, vint interviewer les étudiants de Quintal. Quintal eut vent de la visite mais soupçonna son patron de vouloir le tenir à l'écart de Lafreniere. Ce soir-là, le recruteur et les moniteurs étant réunis dans un bar local, Quintal attendit sa chance. Il suivit Lafreniere aux toilettes et lui demanda :

« Si je comprends bien, vous êtes ici pour recruter nos étudiants ? »

« Oui. »

« Et pourquoi pas moi ? »

Deux semaines plus tard, il s'initiait à son nouveau job de copilote sur un DC-8 dans une école de pilotage au sol. Suivirent ensuite quatre ans sur le DC-9, trois sur le Boeing 727 et un sur le L-1011. En 1982, comme le commandant Pearson, il fut l'un des premiers pilotes d'Air Canada à se porter volontaire pour le stage sur le 767 et, le 23 juillet 1983, il avait trois mois d'ancienneté sur le nouvel appareil, avec soixante-quinze heures de vol.

Vu de l'extérieur, Maurice Quintal était un homme qui avait réussi. Il vivait dans une maison de style contemporain à Lorraine dans la banlieue nord de Montréal avec sa femme et leurs deux jeunes fils. Mais son existence connaissait des turbulences imprévues. Sa femme souffrait d'une maladie chronique et débilitante et Quintal vivait dans un état de tension constant. Il adorait piloter et il en avait besoin. Pilote de réserve, avec un statut incertain, il acceptait toutes les missions qui passaient.

Mais Jean-François, son fils de huit ans, Martin, son fils de cinq ans, et sa femme réclamaient aussi sa présence.

Tiraillé comme il l'était entre son rôle de pilote et son rôle de chef de famille, il était dans une situation inconfortable. Quand, le 23 juillet 1983, on l'appela pour lui demander s'il voulait bien remplacer Paul Jennings sur le vol 143, il accepta sous le prétexte habituel d'engranger des heures de vol mais aussi parce qu'il avait un besoin maladif de retrouver un peu de tranquillité en cette belle journée d'été.

Un dernier détail l'avait convaincu d'accepter. Il volerait avec Bob Pearson, une figure presque légendaire parmi les pilotes d'Air Canada. Pearson et Quintal n'avaient volé ensemble que de rares fois, mais le plus jeune avait de bonnes raisons de tenir Pearson en haute estime.

Quelques années auparavant, un incendie avait dévasté le rez-de-chaussée de l'immeuble où habitait la famille Quintal et la fumée avait causé des dégâts considérables dans leur appartement. Quintal avait installé sa famille dans un abri provisoire et s'apprêtait à nettoyer et à repeindre son appartement couvert de suie quand le service d'affectation des équipages l'avait appelé pour lui demander de remplacer un autre pilote sur un cycle de vol de quatre jours vers Winnipeg et Windsor. Quintal hésita mais le responsable se fit très insistant. L'appareil en question était prêt à partir depuis une heure et n'attendait plus qu'un copilote pour décoller. Quintal accepta à contrecœur.

Lors du parcours final du voyage, un inspecteur du ministère des Transports canadien monta à bord à Winnipeg pour effectuer un contrôle de licence de routine. Dans l'affolement causé par l'incendie, Quintal avait omis de faire revalider son certificat médical qui avait expiré à minuit la veille au soir. L'inspecteur compatit mais le règlement interdisait à Quintal de terminer le vol. On convoqua un autre copilote pour le remplacer.

Avant de rentrer à Montréal, Quintal téléphona à son patron pour lui expliquer ce qui venait de se passer.

Sa réponse fut laconique: « Vous allez avoir un blâme. »

Quintal était fou de rage. Il avait rendu service à la

compagnie en acceptant ce remplacement au pied levé, malgré ses obligations familiales. C'est à ce moment-là que Quintal rencontra Pearson, le représentant pour son secteur de l'Association des pilotes d'Air Canada. Quintal réussit à le joindre par téléphone au stade de hockey sur glace local et lui raconta son histoire. Dans l'heure, Pearson retrouva Quintal à l'aéroport, prêt pour la bataille.

Au bout d'une semaine de négociations serrées, Pearson parvint à obtenir une suspension de deux semaines qui permettait à Quintal de conserver son job et son ancienneté.

Mise à part l'admiration qu'il lui portait en tant que pilote, Quintal était ravi de se retrouver dans le même cockpit que l'homme qui avait sauvé sa carrière.

Dans l'après-midi du 23 juillet 1983, le copilote fit son sac en deux temps trois mouvements, dit au revoir à sa famille en crise et partit pour l'aéroport, savourant à l'avance son vol sur le 767. Le décollage d'un 767 était un instant incomparable. L'appareil prenait suffisamment de vitesse pour que la configuration des ailes force l'air à passer au-dessus d'elles plus vite qu'en dessous, créant ainsi une zone de basse pression au-dessus des ailes qui aspirait littéralement l'appareil dans le ciel. La vitesse ascensionnelle du 767 était tellement plus élevée que celle d'un avion à réaction ordinaire que les passagers — et de temps à autre des pilotes rejoignant leur poste — s'en inquiétaient parfois.

Les autres pilotes étaient envieux, et Quintal eut encore l'occasion de s'en rendre compte en croisant son ami et voisin Gilles Sergerie, copilote sur un Boeing 127, dans le bureau des plans de vol d'Air Canada. Sergerie devait décoller à 18 h 30, une heure après Quintal.

« J'ignorais que tu étais de service aujourd'hui », lui avait dit Sergerie.

« Je ne l'étais pas en principe. Paul Jennings est malade. Je suis sur le 143. »

« Encore le 767, hein ? »

En guise de réponse, Quintal lui avait adressé un sourire espiègle.

Il n'était plus question de sourire à présent. Quintal prit le micro.

— Centre de Winnipeg, Air Canada 143.

— Parlez, Air Canada 143.

— Oui, dit Quintal.

Puis il prononça les quatre mots qu'entendraient non seulement le centre de Winnipeg, mais tous les appareils volant dans la région, qui feraient tendre l'oreille à tous les pilotes naviguant au-dessus du Canada central : « Nous avons un problème. »

4

Le centre de contrôle de Winnipeg

Ronald James Hewett, cinquante ans dont vingt-deux d'ancienneté dans le système de contrôle aérien canadien, était de service au centre de contrôle de Winnipeg situé au deuxième étage du bâtiment administratif de l'aéroport international. Il surveillait un écran radar à longue portée couvrant un rayon de 370 kilomètres de diamètre centré sur Red Lake, Ontario, quand l'appel arriva.

— Nous avons un problème, dit une voix lointaine avec un accent canadien français. Nous allons, euh, demander un accès direct sur Winnipeg.

Hewett travaillait sur deux des trois systèmes radar à sa disposition. En 1983, le radar primaire qui se contente de signaler la présence de tout objet dans son rayon d'action par un écho avait pratiquement été éliminé du système de contrôle aérien mondial. En fait, des huit stations radar que Hewett pouvait surveiller sur son écran, le radar primaire n'était accessible que de Winnipeg.

A cet instant, il surveillait le signal émis par une station radar proche de Thunder Bay dans l'Ontario qui utilisait deux systèmes plus sophistiqués dépendant tous les deux d'équipement opérationnel à bord de l'appareil qu'il suivait. Sur le vol 143 et sur tous les autres avions de ligne à réaction se trouvait un transpondeur qui réagissait au signal radar en renvoyant une émission électronique codée pour identifier sa source. Hewett surveillait aussi le nouveau système numérique capable de recevoir des informations de vol plus complètes par le biais du signal du transpondeur du vol 143, de les entrer dans un ordinateur, de calculer l'altitude et la vitesse/sol et d'afficher les données à l'intérieur d'un triangle en surimpression sur l'écran radar.

De cette manière, Hewett put immédiatement identifier le vol 143 parmi la poignée d'échos sur son écran, vérifier son altitude et sa vitesse, les comparer à celles des autres appareils présents dans sa zone et envoyer l'autorisation à l'appareil en difficulté d'entamer sa descente vers Winnipeg.

Quatre secondes à peine après avoir reçu l'appel de Quintal, Hewett répondait :

— Air Canada 143 position actuelle directe Winnipeg autorisée. Atterrissage prévu piste 31. Vous êtes autorisé à maintenir descente de 6 000 pieds si souhaité.

Hewett alerta le responsable des opérations au sol Warren Smith et tout le monde sut bientôt qu'une urgence se présentait. Hewett passa les communications du vol 143 de ses écouteurs au système de haut-parleur direct pour permettre à tous les contrôleurs présents dans la salle d'entendre ce qui se passait. Len Daczko, responsable de la surveillance du trafic en approche sur Winnipeg, était le premier concerné. Il devait se tenir prêt à prendre le relais lorsque l'appareil serait à 65 kilomètres et à le guider vers son aéroport de remplacement malgré toutes les complications imprévues impliquées par ce problème indéterminé. Hewett et Daczko entendirent Quintal accuser réception :

— Merci. Descente 6 000 pieds autorisée vers Winnipeg.

Travaillant rapidement, Hewett passa la responsabilité des autres appareils de son secteur et d'autres contrôleurs — deux ou trois sur le radar ouest, un sur le secteur de Thunder Bay — et en confia un autre à Daczko plus tôt qu'il ne l'aurait fait d'habitude. Maintenant il pouvait concentrer toute son attention sur le vol 143. Il était soulagé que le trafic soit faible. Le responsable administratif Steve Denike rejoignit Smith qui était debout derrière Hewett. Ils regardaient, écoutaient, attendaient d'apprendre l'étendue du danger affronté par la voix qui retentissait dans la salle en alerte.

5

Le cockpit

Ayant reçu de Hewett l'autorisation de descendre à
6 000 pieds en approche de leur aéroport de déroutement, Pearson et Quintal se mirent rapidement au
travail, reléguant leurs appréhensions dans un coin de
leur esprit. Pearson amorça un virage à gauche, dirigeant l'appareil vers le sud-ouest, la direction de Winnipeg.

Les pilotes avaient appris à se concentrer sur la
réalité immédiate. Ils n'avaient plus qu'un objectif à
présent : faire tout ce qui était en leur pouvoir pour
ramener sans dommage leur appareil et leurs passagers
à terre. Quelle que soit la cause du problème dans le
réservoir gauche, ils s'en inquiéteraient plus tard.
C'était sa conséquence qui les préoccupait pour l'instant. Ils espéraient atterrir avec suffisamment de puissance restante dans les deux moteurs, mais si le moteur
de l'aile gauche tombait en panne, ce qui risquait
d'arriver, la tâche serait compliquée. Néanmoins,
c'était le genre de situation qu'on leur avait appris à
affronter.

Le vol 143 était à présent à 237 kilomètres au nord de
Winnipeg. A 1 h 14 GMT, Pearson entama la descente
qui les ferait passer de 41 000 pieds à 6 000. Il réduisit
les gaz, produisant une réaction tangible immédiate,

comme s'il avait serré les freins. Perdant rapidement de la vitesse, l'appareil commença une descente précipitée, la portion initiale d'un schéma d'atterrissage qui est simplement une chute contrôlée. Bien qu'un pilote dispose de beaucoup de commandes pour effectuer un atterrissage, dont des freins qui montent de la surface des ailes hautes, des volets qui descendent des bords de fuite des ailes, et des becs de bord d'attaque, la première reste le régime moteur. En procédure d'approche normale, les moteurs tournent pratiquement au ralenti, fournissant seulement suffisamment de puissance pour contrebalancer la résistance provoquée par les énormes fuseaux réacteurs.

Dans ce cas précis, réduire la vitesse leur permettait non seulement d'amorcer la procédure d'approche sur Winnipeg mais aussi d'économiser un carburant précieux.

Travaillant avec rapidité et efficacité, Pearson et Quintal programmèrent l'indicateur de situation horizontale, l'un des dispositifs de surveillance informatiques du cockpit pour obtenir un affichage image de leur profil de descente sur Winnipeg. Les ordinateurs affichèrent des graphiques de la trajectoire qui amènerait le vol 143 dans l'alignement de la piste 31 à Winnipeg.

Les voyant aussi occupés, le mécanicien Dion leur demanda s'ils préféraient qu'il s'en aille.

— Euh, non, pourquoi ne resterais-tu pas pour nous aider au besoin? demanda Pearson.

— D'accord.

Le commandant calcula la trajectoire de descente de sorte qu'ils arrivent au-dessus de l'aéroport de Winnipeg avec plus d'un kilomètre et demi d'altitude pour lui permettre de manœuvrer au besoin. En mettant le cap sur Winnipeg, il annonça:

— Je ne veux prendre aucun risque.

— Surtout qu'on ne sait pas ce qui reste comme carburant, convint Dion, faisant allusion au problème jusque-là non formulé qui les hantait tous.

L'indicateur du jaugeur carburant était inutilisable. Il n'y avait donc pas moyen de faire une estimation sûre de l'alimentation carburant. D'après l'ordinateur de gestion de vol, il restait environ 11 000 kilogrammes de carburant, mais ce chiffre se fondait sur des données humaines, pas sur des mesures automatiques. Selon l'ordinateur, environ la moitié de cette charge se trouvait dans le réservoir de l'aile gauche. Si cette donnée était exacte, pourquoi les pompes ne marchaient-elles pas? La différence entre les données de l'ordinateur et la réalité observable incita les trois hommes à prendre une décision tacite que Pearson résuma ainsi: « Et merde pour l'ordinateur! » Pendant le reste du vol, les pilotes se fieraient plus à leurs propres aptitudes et instincts humains qu'à des données électroniques douteuses.

En quête du moindre gramme de carburant pour le moteur gauche à sec, Pearson brancha les pompes du réservoir carburant central pour utiliser le carburant restant de vols précédents et, comme c'est parfois le cas, qui aurait coulé des réservoirs d'aile.

L'atmosphère était silencieuse et tendue quand le vol 143 s'enfonça dans la couche de nuages en cette fin d'après-midi. Cinq minutes seulement s'étaient écoulées depuis que le premier signal d'alarme avait averti les pilotes du problème avec les pompes du réservoir carburant gauche.

Soudain, quatre nouveaux bips se déclenchèrent, bientôt suivis de quatre autres. Six signaux lumineux oranges brillaient à présent sur le tableau de commande, porteurs d'un message qui glaça le sang des trois hommes dans le cockpit. Le problème ne s'arrêtait plus au réservoir gauche. Maintenant, c'étaient les six pompes des trois réservoirs qui étaient en panne. Quelle que fût la cause du problème, ses effets s'aggravaient rapidement.

— Nom de Dieu, aboya Pearson. Elles nous lâchent toutes. Faites venir Bob !

6

Le chef de cabine

Bob Desjardins, le chef de cabine, avait eu un peu de mal à installer les passagers pour le film. Pour une raison inconnue, le projecteur ne fonctionnait pas dans la cabine arrière. Incapable de réparer, Desjardins avait annoncé que les passagers désireux de voir le film pouvaient changer de place. Plusieurs l'avaient fait. D'autres avaient bougonné contre Air Canada et n'avaient pas bougé. C'était le genre de pépins techniques qui se produisent sur n'importe quel avion de ligne et surtout sur les neufs. Desjardins avait noté le problème sur le livre de bord de la cabine pour que les mécaniciens d'Edmonton fassent une vérification.

Il trouva enfin le temps de faire une pause. Il réchauffa son dîner et s'assit à son poste sur le côté gauche de la cabine avant, juste à l'arrière du poste de pilotage, pour déguster son second steak de la journée. Il n'allait pas être aussi bon que celui que sa femme Elaine lui avait préparé en début d'après-midi sur le barbecue installé au bord de sa piscine.

Net, soigné, d'une beauté classique, tranquille, une moustache sombre accentuant son bronzage, Desjardins était d'un naturel timide et doux, mais avait cultivé une présence qui inspirait confiance même aux passagers les moins rassurés. S'il avait plus l'air d'un pilote que d'un steward, ce n'était pas un hasard, car il était les deux. Cela faisait une douzaine d'années qu'il était steward sur Air Canada mais il était aussi pilote professionnel avec plus de trois mille heures de vol à son actif. Il avait un brevet de pilote de ligne au Canada, une licence professionnelle aux États-Unis et une qualification aux instruments de classe I. Il pilotait souvent des charters, généralement des bimoteurs et des avions à turbopropulseurs de même qu'une variété de monomoteurs. S'il avait commencé son entraînement au pilotage un peu plus tôt, il aurait certainement cherché à faire carrière dans le cockpit, mais lorsqu'il s'était renseigné dans ce sens, il avait déjà trente et un ans, ce qui était un peu vieux — selon les normes aériennes — pour se faire embaucher comme copilote.

Il était très apprécié pour son expérience et sa formation. Les pilotes se sentaient rassurés de le savoir responsable de leurs passagers ; les autres agents de bord l'aimaient et le respectaient.

Cet après-midi-là, alors qu'il se dorait au soleil près de sa piscine avec Elaine et Julie, leur fille de deux ans, en attendant que les steaks soient cuits, Desjardins s'était dit qu'il avait une existence de rêve. Il y avait même un nouveau bébé en route. « Je suis un veinard », avait-il conclu. Il avait dit à Elaine :

« Ils devraient annuler ce vol. On ne devrait pas travailler un jour pareil. »

« Aucune chance, Bob. Trop de gens aiment voyager un jour comme ça. »

« Possible. »

La liste des passagers avait donné tort à Elaine. En effet, peu de gens avaient choisi de prendre l'avion pour Edmonton en ce bel après-midi. La charge de travail était donc légère et Desjardins se mit à manger sans hâte.

Avant d'avoir le temps d'avaler la première bouchée,

le chef de cabine vit le mécanicien Rick Dion apparaître dans l'étroite allée qui menait de la cabine des premières classes au poste de pilotage.

— Le commandant aimerait vous voir. Il a un problème.

Desjardins avait trop d'expérience pour s'alarmer à la mention du mot « problème ». Cela pouvait signifier pratiquement n'importe quoi, d'une panne d'interphone à une plainte à propos du dîner. Quoi qu'il en soit, il allait s'en occuper. Habitué aux repas interrompus, Desjardins repoussa son plateau et suivit Dion dans le poste de pilotage.

— Oui, commandant ?

C'est Quintal qui répondit.

— Nous allons à Winnipeg, annonça le copilote. Nous pensons avoir des problèmes avec l'alimentation carburant. Nous dévions sur Winnipeg. Nous en sommes à 220 kilomètres... C'est une affaire de vingt minutes.

— Réunissez vos hôtesses et briefez-les pour un atterrissage d'urgence, lança Pearson.

Le commandant souligna qu'il ne voulait pas que les passagers s'inquiètent. Il désirait simplement que les agents de bord soient prêts au cas où il serait nécessaire d'engager les procédures d'atterrissage d'urgence.

Desjardins sortit immédiatement ; il avait la tête qui tournait. C'était plus grave que le genre de problème auquel il s'attendait. Il aurait aimé rester dans le cockpit et s'occuper lui-même de l'appareil, mais c'était un fantasme de pilote de ligne frustré. Il n'avait pas assez de données en main pour mesurer l'étendue de la crise, ni le temps de s'attarder pour en savoir plus. Des problèmes avec le système d'alimentation ! Qu'est-ce que cela voulait dire ?

Ce n'était pas tant ce que Pearson et Quintal lui avaient rapporté qui ennuyait Desjardins. Plutôt le ton

67

qu'ils avaient employé. Les pilotes adoptent un ton volontairement neutre chaque fois qu'ils sont obligés de signaler des « problèmes ». Ils ne veulent pas causer des inquiétudes injustifiées ou créer une panique. Certains accolent sciemment le mot « mineur » à « problème ». Mais à 41 000 pieds, est-ce qu'un problème d'alimentation carburant pouvait être mineur?

Le cockpit était illuminé de voyants oranges — suffisamment pour indiquer que plus d'un élément était affecté. Desjardins eut l'impression que l'étroite allée séparant le poste de pilotage de la cabine se refermait sur lui. Il s'ordonna de rester calme, de prendre toutes les précautions possibles pour protéger les passagers, de faire son travail et de laisser les autres faire le leur. Desjardins était au moins sûr d'une chose : la présence de Pearson le rassurait.

En sortant du cockpit, Desjardins croisa Susan Jewett. Il lui bloqua le passage. Pensant qu'il plaisantait, Jewett lui demanda en souriant :

— Tu vas me laisser passer?

Desjardins n'avait pas envie de faire de l'humour.

— Non, non, repars vers l'arrière.

— Je veux seulement leur amener un passager.

— Non. Va à l'arrière. Prends ton livre de bord· Nous avons des problèmes et nous allons atterrir à Winnipeg.

Dans le regard que fixait Susan sur Desjardins passa une lueur d'irritation puis de peur. « D'abord le retard à Montréal et maintenant ça, pensa-t-elle. Qu'est-ce qui va suivre? » Elle tourna les talons et se dirigea rapidement vers l'arrière, vers Nigel Field assis à droite. La cabine était plongée dans l'obscurité à cause de la projection. La voyant arriver, Field détacha sa ceinture et s'apprêta à se lever pour la suivre dans le cockpit comme prévu.

Jewett lui fit signe de se rasseoir. Son visage avait une

drôle d'expression, difficile à interpréter. Elle commençait à prendre conscience de la réalité et l'angoisse la submergeait. Pour elle, cela faisait dix ans que voler était une aventure, une balade d'un bout à l'autre de la planète dans des cieux dégagés à bord de machines fiables et rassurantes. Elle ignorait — ne pouvait pas mesurer — la gravité de la situation, mais l'ordre inhabituellement sec de Desjardins l'avait mise sur la voie. Elle était livide et se tordait nerveusement les mains.

Pendant une seconde, Field eut l'impression qu'elle ne le voyait pas. Puis elle se pencha vers lui et lui murmura avec un ton de conspirateur :

— Ne le dites à personne, mais nous avons un problème mécanique et nous allons devoir atterrir à Winnipeg...

Cela n'entama guère le flegme tout britannique de Field.

— Quel est le problème ?

Il marmonna la seule possibilité qui lui venait à l'esprit : « Train d'atterrissage ? » A peine l'avait-il dit qu'il se rendit compte que cela n'avait pas de sens. Si un appareil avait des problèmes de train d'atterrissage, on s'en apercevait au moment d'atterrir, pas à 41 000 pieds au-dessus de Red Lake dans l'Ontario.

— Je ne sais pas, répondit Jewett, en se tordant toujours les mains.

Elle s'engouffra dans l'office.

A l'avant, dans la cabine des premières classes, Desjardins fouilla dans son porte-documents, en sortit son manuel d'urgence, l'ouvrit au paragraphe 767 et en détacha la carte détaillant les procédures d'atterrissage forcé. Puis il tenta d'adopter la même attitude de bravade que les pilotes. Il traversa rapidement la minuscule cabine presque vide des premières classes, essayant d'accélérer le pas sans alerter personne. Il pénétra dans la cabine centrale où de nombreux passagers étaient maintenant réunis pour regarder le film. Ils étaient trop absorbés pour le remarquer. Il entra dans la cabine arrière peuplée de passagers indifférents au film. Il y avait un couple à sa droite, une blonde saisissante et un barbu qui bavardaient tranquillement main dans la main. Dans la rangée centrale, il y avait une mère accompagnée d'un petit garçon silencieux et bien élevé d'environ deux ans. Derrière, il y avait une autre mère voyageant avec deux jeunes enfants. Assise, elle discutait avec un monsieur debout dans l'allée — un colosse à l'épaisse barbe rousse caressant un nourrisson installé contre son ventre dans un porte-bébé. Quelques rangées plus loin, il y avait un autre homme à l'air maussade, encore plus costaud que le précédent, qui semblait absorbé par la musique provenant de ses écouteurs.

Vers l'arrière de l'appareil, dans l'avant-dernière rangée à sa droite, il y avait une femme et une petite fille proche de l'adolescence. Plongée dans une bande dessinée, elle mâchonnait un chewing-gum.

A côté d'elle, dans la rangée centrale, Annie Swift était assise avec un bloc-notes sur les genoux. Elle leva les yeux en entendant Desjardins arriver et remarqua son expression grave.

Swift se leva et Desjardins lui prit le bras :

— Allez à l'office.

En entendant ces mots et surtout le ton employé par Desjardins, Danielle Riendeau sentit son corps se raidir involontairement. Ses yeux se remplirent de larmes. Comprenant qu'il n'avait pas adopté le ton adéquat, Desjardins lui tapota l'épaule.

— Ne t'en fais pas, Danielle. Ce n'est pas grave.

Riendeau déglutit, respira profondément et tenta de chasser ses larmes. Tout en essayant de se reprendre,

70

elle jeta un coup d'œil à Annie Swift et se détourna aussitôt. Les grands yeux expressifs de Swift lui demandaient silencieusement: « Que se passe-t-il? »

Les hôtesses — Annie Swift, Danielle Riendeau, Susan Jewett, Nicole Villeneuve et Claire Morency — se rassemblèrent autour de Desjardins.

Desjardins ouvrit son manuel d'urgence.

— Ne vous inquiétez pas, répéta-t-il doucement.

7

La cabine

— C'est le voyage le plus agréable que nous ayons jamais fait, dit Joanne Howitt à son mari Bob tout en sirotant un verre de Drambouie.

Bob hocha la tête et sa longue crinière rousse et sa barbe touffue suivirent le mouvement.

Le dîner avait été très bon. Brodie, trois ans, jouait avec sa collection de petites voitures. Si Joanne arrivait à calmer le bébé, elle pourrait s'assoupir et se réveiller à Edmonton. Elle était impatiente de mettre un terme à son congé de maternité et de commencer le nouveau travail qu'elle venait d'accepter.

— Je vais changer Katie, dit-elle.

Elle détacha sa ceinture, se leva et se dirigea avec le bébé dans ses bras vers les toilettes arrière, voisines de l'office. Elle contourna deux hôtesses et entra dans la minuscule cabine.

Pendant qu'elle changeait la couche de Katie, Joanne entendit soudain des voix, assourdies, lointaines, grésillant dans une sorte d'interphone. « Bizarre qu'il y ait un interphone ici, pensa-t-elle. Peut-être que c'est un mauvais fonctionnement, une aberration du système électrique. » Elle tendit l'oreille.

— Winnipeg, dit quelqu'un.

— Nous allons à Winnipeg, dit une voix.

73

Ou était-ce: « Nous n'allons pas à Winnipeg? »

Ce doit être le Drambouie. Voilà que j'entends des voix maintenant.

Perplexe mais pas inquiète, elle se concentra sur Katie qui s'agitait. Adressant des remerciements silencieux à l'inventeur des couches jetables, elle termina ce qu'elle avait à faire, prit le bébé dans ses bras, ouvrit la porte des toilettes de sa main libre et regagna son siège.

— Katie commence à grogner, dit-elle à son mari.

— Je vais l'emmener faire un tour, proposa-t-il.

Il prit sa fille, l'installa dans son porte-bébé, puis déplia sa grande carcasse.

Il avança droit devant lui, passant à côté d'un homme maussade dans la rangée centrale, perdu dans la musique provenant de ses écouteurs, un verre à la main, qui semblait nerveux et mal à l'aise.

Bryce Bell avait connu des jours meilleurs. Avec son 1,89 mètre et ses 107 kilos, l'ancien plaqueur de l'université Saint-Xavier-d'Antigonish en Nouvelle-Écosse était encore en superbe condition physique malgré le passage des années. En faisant ses 30 kilomètres à pied quotidiens et en pratiquant régulièrement l'haltérophilie, il était en meilleure forme que quatorze ans auparavant, à l'époque où il avait effectué une période d'essai au sein des Blue Bombers de Winnipeg, une équipe appartenant à la fédération de football canadienne.

Les performances de Bell sur le terrain de football de l'université lui avaient valu une prime d'engagement à l'essai de mille dollars de la part des Blue Bombers, mais il était parti pour le stage d'entraînement avec peu d'espoir. Il sentait qu'il n'avait pas la rapidité et l'agilité requises pour passer professionnel. Une semaine de stage suffit pour lui prouver qu'il avait raison. On le renvoya dans ses foyers. Piégé par les caprices du sort et les nécessités de la vie, il était devenu fonctionnaire. Il était à présent directeur du service des bourses au département des universités de la province d'Alberta. Bell détestait son travail.

Bell avait passé les deux dernières semaines en vacances avec sa femme Margo et Jonathan leur fils unique qui approchait de son troisième anniversaire. Les parents de Margo possédaient un cottage à une soixantaine de kilomètres au nord d'Ottawa et Bell avait espéré respirer un peu, loin d'Edmonton, de la vie citadine et de son travail. Mais l'atmosphère bucolique du cottage au bord du lac n'avait même pas calmé cet animal troublé. Il avait été cassant avec sa belle-mère, s'était disputé avec Margo et, d'une manière générale, s'était conduit comme un ours mal léché. Il lui était difficile de se détendre quand le spectre de son boulot le hantait. Dans deux jours à peine, de retour à Edmonton, il reprendrait ses semaines de quarante heures. En tout cas, Margo et Jonathan ne souffriraient pas de sa mauvaise humeur. En effet, ils avaient prolongé leurs vacances de quelques jours.

Comme si cela ne suffisait pas, Bell se retrouvait coincé dans la carcasse de cet oiseau d'aluminium, la fierté d'Air Canada, le 767. Contrairement à son habitude, Bell avait choisi un siège au milieu de l'appareil derrière les ailes dans une zone non-fumeur.

Il avait pris le 767 lors de ses trois derniers voyages d'affaires et il n'était pas impressionné. « Celui qui s'est occupé des circuits électriques est une sacrée cloche. Quand on appuie sur le bouton de son plafonnier, ça s'allume six rangées plus loin, marmonna-t-il. Air Canada vous fait payer deux dollars et demi pour des écouteurs qui ne marchent pas et accumule les retards. » Son dernier voyage avait été un vrai fiasco. Il avait dû attendre quatre heures que les mécaniciens réparent l'air conditionné. « Je me demande combien de retard on va avoir cette fois », s'était-il demandé en montant à bord du mammouth. « Ce n'est pas parce que c'est gros que c'est mieux », pensait Bell.

Ce n'était pas seulement le 767 ou Air Canada qui le mettaient de mauvaise humeur. Se retrouver dans un avion suffisait à le mettre en rogne. Il n'aimait pas prendre l'avion. Cela l'inquiétait. En fait, les avions intimidaient Bell. La religion ne faisait pas non plus partie de ses priorités, mais cela ne l'empêchait pas de remercier le ciel chaque fois que les roues d'un 767 ou d'un autre appareil touchaient le sol sans problème.

Finalement, Bell avait passé les premières heures de vol à tuer le temps pour oublier qu'il était en l'air. Il avait déboursé deux dollars et demi à contrecœur pour avoir des écouteurs. Mais il s'était détendu en entendant la voix de son chanteur préféré, Willie Nelson.

Bell ne tarda pas à se rendre compte qu'il devait s'abstenir de remuer s'il ne voulait pas avoir de parasites dans ses écouteurs. Il ne cessait de penser à la catastrophe du mois précédent. Un DC-9 d'Air Canada avait pris feu en vol. Les pilotes avaient réussi à se poser à Cincinnati, mais vingt-trois passagers étaient morts asphyxiés par la fumée. Tout le monde pensait à cette catastrophe. Bell avait lu dans le journal que ce carnage était la conséquence des abus d'alcool des passagers. Selon une source, de nombreux passagers, l'esprit embué par l'alcool, n'avaient pas eu le réflexe voulu à l'instant critique. Peut-être avait-il intérêt à diminuer sa consommation de Rusty Nail, son cocktail préféré.

Ses énormes biceps tendirent sa chemise de sport quand il ajusta sa ceinture autour de son ventre plat. Il essaya en vain de trouver une position confortable.

Ses hémorroïdes lui faisaient un mal de chien.

Le dîner avait été étonnamment bon, même selon ses critères, et il avait compté sur le film pour tuer le temps jusqu'à l'arrivée. Il commençait presque à se détendre

76

quand il vit le chef de cabine trifouiller dans le projecteur ; il comprit que le système ne fonctionnait pas convenablement. Sa mauvaise humeur revint instantanément. « Typique d'Air Canada », pensa-t-il. Une jolie hôtesse blonde vint s'excuser du dérangement et dire à Bell qu'il pouvait aller s'installer vers l'avant de l'appareil s'il voulait voir le film. Il déclina l'invitation en bougonnant.

Renonçant à sa résolution, il commanda un autre Rusty Nail, monta le volume de son casque, reprit son exemplaire de *MacLean's* et tâcha de trouver une position confortable.

Quelques instants plus tard, la musique fut interrompue par des parasites, puis une voix masculine retentit dans l'interphone. Il posa son magazine pour écouter la transmission brouillée. Les pilotes faisaient une annonce, mais ce n'était ni le bulletin météo ni le baratin habituels auxquels il ne prêtait généralement pas attention. Là ils avaient vraiment quelque chose à dire.

Un problème avec les jaugeurs carburant les obligeaient à faire un atterrissage imprévu à Winnipeg... Tous les passagers devaient regagner leurs places.

« Nom de Dieu ! pensa Bell. Ils peuvent pas se contenter d'aller là-bas ? »

Les jours où elle devait prendre l'avion, Pat Mohr était à cran. Ce matin-là, dans sa maison de Richmond, au sud-ouest d'Ottawa, elle n'avait pas eu la patience d'écouter les protestations de Heather, sa fille de onze ans, qui refusait de porter les mêmes vêtements que sa petite sœur.

La famille Mohr partait passer trois semaines de vacances avec les parents de Ken Mohr à Josephsburg, un hameau situé dans la banlieue d'Edmonton. Pour le voyage, Pat Mohr avait acheté des ensembles assortis pour Heather et Crystal, sa petite sœur de quatre ans, des tee-shirts vert cru et des jupes à rayures vertes et blanches et elle comptait bien les leur faire porter. « Habille-toi et tais-toi, Heather. »

« Je ne vois pas pourquoi nous devons partir aussi tôt », avait dit Ken Mohr à sa femme en la charriant gentiment. Chaque fois qu'il prenait l'avion seul, Ken se présentait à l'aéroport à la dernière minute. En revanche, Pat tenait toujours à arriver tôt.

« Tu sais comment je suis. Je me sens mieux quand on a un peu de temps devant nous. »

Pat étant organisatrice de conventions pour l'Association canadienne des infirmières et Ken chef de produit à Siltronics, ils prenaient tous les deux souvent l'avion. Ken adorait voler et il avait même caressé l'idée d'obtenir une licence de pilote privé. En revanche, Pat était beaucoup moins enthousiaste. « Prendre l'avion n'est pas mon passe-temps préféré. Je n'aime pas cette impression de ne rien contrôler. »

Comme ils étaient arrivés tôt à l'aéroport, Pat avait eu tout le temps de commencer à s'inquiéter dans la salle d'embarquement. Elle avait cependant appris avec plaisir qu'ils voyageraient à bord d'un 767. La nouveauté et la taille impressionnante de l'appareil avaient quelque chose de rassurant. Ken fut surpris que l'aéroport d'Ottawa ne dispose pas d'une rampe motorisée pour accéder au nouvel appareil. Ils durent traverser la piste à pied et emprunter un vieil escalator pour y monter.

Une fois à l'intérieur, il eut une autre surprise, agréable cette fois, en découvrant la grandeur de la cabine. « Là, au moins, on n'aura pas l'impression d'être coincés dans une boîte à sardines. »

Lorsqu'ils rejoignirent leurs sièges dans la rangée centrale de la section non-fumeur de la cabine arrière, Pat avait dit à son mari : « Ce serait bien pour les filles de s'asseoir près d'un hublot. »

— Il n'y a pas grand monde apparemment. On devrait pouvoir changer de place.

Pat hésita. Elle craignait de tenter le sort en changeant de place. Elle préféra donc attendre que l'avion ait décollé pour prendre une décision.

Avant le décollage, Ken avait montré les sorties de secours à sa femme et aidé la plus jeune de ses filles à accrocher sa ceinture. Pat fit de même pour Heather.

— Il va y avoir un film, papa? demanda Crystal.

— Oui, dans un moment.

Les deux sœurs vaquèrent donc à leurs occupations respectives. Crystal ne voyageait jamais sans un sac plein de friandises, d'animaux en peluche, de crayons de couleur et de perles à enfiler. Heather se plongea dans un magazine de bandes dessinées.

Au moment du décollage, Pat se souvint que, lors d'un vol précédent, la pression de la cabine avait donné la migraine à sa fille.

— Heather, mâche du chewing-gum, au cas où.

— Qu'est-ce que tu as?

— Du bubble-gum.

Heather sourit à sa mère. C'était son chewing-gum préféré.

Après le décollage, Pat poussa un soupir de soulagement. « Les décollages et les atterrissages sont les moments les plus pénibles », pensa-t-elle. Elle n'arrivait à se détendre qu'une fois en altitude.

Quand le signal de la ceinture de sécurité s'éteignit, Pat et Ken Mohr décidèrent de changer de place pour que leurs deux filles puissent s'asseoir près d'un hublot. Pat et Heather allèrent s'installer sur la gauche, dans l'avant-dernière rangée. Et Ken emmena Crystal de l'autre côté.

Les hôtesses firent presque immédiatement leur apparition. Elles offrirent des jus de fruits et l'emblème ailé d'Air Canada aux deux fillettes. Quand Crystal manifesta le désir de dîner tout de suite, les parents échangèrent un sourire. Crystal avait toujours faim.

Lorsqu'on leur servit leur dîner, Pat trouva son steak trop rose, trop dur et froid de surcroît.

— Heather, est-ce que ta viande est froide ?

— Oui, froide, pleine de nerfs et pas cuite ! murmura Heather en faisant la grimace.

« Ils doivent avoir des problèmes de four », pensa Pat. Elle essaya d'attirer l'attention de son mari, mais celui-ci était occupé à aider Crystal à manger. Elle voulut se plaindre auprès des hôtesses, puis changea d'avis. Ils avaient pris un repas avant le vol et ni Heather ni elle n'avaient vraiment faim.

Lorsqu'on leur enleva les plateaux, Ken montra à Crystal comment mettre ses écouteurs. Ils virent un steward pousser une série de boutons, mais l'écran resta désespérément vide. Une hôtesse vint s'excuser :

— Vous pouvez passer dans la cabine avant, si vous le désirez.

« Ben voyons ! », pensa Ken Mohr, résigné. Son travail à Siltronics Ltd consistait à surveiller la production de circuits intégrés. « Quitte à passer pour un dinosaure, j'avoue me méfier de cette haute technologie. Moi qui suis dans l'industrie du semi-conducteur puisque je fabrique des puces, je suis bien placé pour connaître toutes les surprises désagréables que peuvent réserver ces trucs. Les microprocesseurs marchent bien et sont plus performants que les trucs mécaniques, mais quand un système électronique rend l'âme, il n'y a rien à faire. Pas question de le bricoler pour le refaire marcher. »

Il avait déjà vu le film programmé, mais sachant que cela aiderait Crystal à passer le temps, il passa dans la cabine avant avec sa plus jeune fille, laissant Pat et Heather à l'arrière de l'appareil.

Crystal regarda le film, mais Ken s'intéressa davantage à la conversation qui avait lieu entre une hôtesse et un passager. En entendant Susan Jewett proposer à Nigel Field d'aller voir le cockpit, il envia ce dernier. « Ce type doit faire partie d'Air Canada, se dit-il. J'adorerais être à sa place. »

La jeune femme partit vers le poste de pilotage et Ken revint au film, pour tuer le temps. Il ne remarqua pas le retour de Jewett qui venait prévenir Field qu'ils déviaient sur Winnipeg à cause d'un ennui mécanique. Il ne commença à soupçonner l'existence d'un problème qu'au moment où il entendit un bourdonnement dans ses écouteurs à la place de la bande-son du film. Puis une voix masculine dit:

— Mesdames et messieurs, pourriez-vous regagner vos sièges, s'il vous plaît...

Contrariée, Crystal demanda à son père:

— Est-ce qu'on doit s'arrêter de regarder le film, papa?

Assise au fond de l'avion, Pat Mohr entendit la même annonce. Et puis quoi encore? Elle vit Ken et Crystal regagner leurs sièges. Le système de projection doit être en panne. Ken et elle échangèrent des regards étonnés.

Tout le monde avait l'air de tourner en rond, l'air vaguement mal à l'aise. Tout le monde sauf Heather qui était toujours plongée dans son magazine. Remarquant les allées et venues, elle contempla la scène avec détachement.

— Est-ce que quelqu'un a dit que nous allions à Winnipeg?

— Oui, ma chérie. Ils doivent faire réparer quelque chose, répondit Pat, tentant de lutter contre la peur qui la submergeait.

Bob Howitt arpentait toujours l'allée droite avec son bébé sur le ventre. En voyant ce bébé minuscule dans les bras de ce monstre chevelu et barbu, deux vieilles

dames assises sur le côté droit près d'un hublot pouf-
fèrent de rire. Howitt leur sourit et engagea la conversation.

Lillian Fournier et Pearl Dayment étaient deux sœurs
qui partaient en vacances. « On va à la montagne,
annonça Lillian Fournier. Pearl n'y est jamais allée. »

Apprenant que les deux sœurs venaient de Pembroke, une ville de bûcherons à l'ouest d'Ottawa, Howitt leur dit qu'il avait traversé Pembroke en voiture le
matin même pour venir à l'aéroport.

Assise près de la fenêtre, Pearl Dayment était fasci-
née par le panorama qui s'offrait à ses yeux. Howitt
regarda lui aussi et son œil averti fit un rapide relevé
géologique. En tant que géologue du département de
recherche de l'Alberta, il participait fréquemment à des
levés aériens à bord d'appareils légers volant à une
altitude beaucoup plus basse. A 41 000 pieds au-dessus
de Red Lake, il reconnut ce que l'on appelle le bouclier
canadien, une topographie accidentée entrelacée de
nombreux lacs. Il s'agissait de roches ignées, formées
par les éruptions volcaniques et les soulèvements pro-
voqués par les mouvements de plaques dans les profon-
deurs de la terre. C'était un terrain complètement
différent de celui d'Edmonton composé de calcaire, de
grès et de schiste argileux.

Poursuivant sa promenade, Howitt vit une jeune
mère revêtue d'une jupe noire et d'un pull-over blanc
qui voyageait seule avec deux enfants en bas âge.

— C'est une bonne idée, dit-elle en montrant le
porte-bébé du doigt.

— Elle aime ça, répondit Howitt.

Howitt et la jeune femme comparaient leurs expériences de parents voyageant avec de jeunes enfants
quand ils eurent l'impression de tomber. Pour une
raison ou une autre, les pilotes avaient réduit la puissance des moteurs comme s'ils entamaient la descente
vers un aéroport.

Howitt savait qu'il était bien trop tôt pour commencer l'approche sur Edmonton. « Je me demande pourquoi on entame une procédure de descente. »

Quelques minutes plus tard, il en connut la raison. Il y avait un problème avec les jaugeurs carburant. Ils déroutaient sur Winnipeg pour un atterrissage imprévu.

« On n'en a rien à fiche des jaugeurs carburant, se dit Michel Dorais. C'est stupide. Pourquoi n'attendent-ils pas d'être arrivés à Edmonton pour les faire réparer ? »

Il jeta un coup d'œil à Shauna Ohe, assise à sa gauche près de la fenêtre. Sa nervosité avait failli tourner à la panique quand elle avait senti l'appareil plonger quelques minutes plus tôt.

Dorais se souvint soudain qu'ils n'auraient même pas dû se trouver à bord de ce vol. Ils avaient projeté d'emprunter un appareil de la Canadian Pacific Air et non d'Air Canada. « J'aime mieux donner mon argent à l'entreprise privée qu'à l'État », avait dit ce champion de la libre entreprise. Mais comme il n'avait pas pu trouver de place pour se garer près des bureaux de Canadian Pacific Air à Edmonton quelques semaines plus tôt, il était allé chercher ses billets à Air Canada.

— Avec Canadian Pacific Air, on serait déjà à la maison. Quand je pense que c'est à cause d'une fichue place de parking qu'on est dans cet avion, dit-il à Ohe.

« Jamais deux sans trois », pensa Richard Elaschuk, en ramenant Stephen, son fils de deux ans, vers les sièges qu'ils occupaient avec sa femme et leur bébé de quatre mois, sur le côté gauche de l'appareil. Richard avait emmené son fils dans la cabine avant pour voir le film et maintenant il essayait d'expliquer pourquoi on leur avait demandé de regagner leurs places. Étant donné le passé de passager de Richard, il avait de bonnes raisons de s'inquiéter. Deux de la douzaine de voyages qu'il avait faits au cours des années précédentes s'étaient soldés par des atterrissages forcés.

Large d'épaule, gentil, âgé de vingt-neuf ans, Elaschuk était d'origine ukrainienne. Ses grandes joies dans la vie étaient sa femme et ses fils et le curling qui, dans certaines régions canadiennes, est pratiqué comme le bowling ailleurs. Sport écossais, le curling se joue en équipes sur une patinoire. Comme au bowling, on lance un palet vers une cible.

Plusieurs années auparavant, Richard avait eu besoin d'un quatrième pour un *bonspiel*, un tournoi de curling. Il avait demandé à Pauline qui, ne connaissant rien à ce sport, avait accepté. Ce premier rendez-vous s'était transformé en un mariage, un foyer et une maison moderne à Westlock dans l'Alberta, à une heure de route environ au nord d'Edmonton. En cinq ans de mariage, ils s'étaient rendus de temps en temps sur la côte est, car Pauline était originaire de Prince Edward Island, mais sans pour autant toujours voyager ensemble. En effet, leur emploi du temps à l'hôpital Immacula de Westlock où Richard était pharmacien et Pauline infirmière les obligeait parfois à prendre des itinéraires différents.

Deux de ces voyages avaient mis la vie de Richard en danger.

La première fois, il était sur un vol entre Edmonton et Winnipeg où il devait retrouver Pauline pour aller dans Prince Edward Island. Il avait déjà compris que l'avion mettait trop de temps à atterrir quand le copilote, émergeant du cockpit, avait annoncé: « Nous avons apparemment un problème avec le train d'atterrissage. L'indicateur de bord signale qu'il n'est pas verrouillé en position basse. Peut-être que c'est seulement une lampe qui ne marche pas, mais je vais aller vérifier. »

Au grand étonnement de Richard, le copilote avait

84

alors roulé la moquette de l'aile et découvert une porte. Ouvrant la trappe, il avait plongé, tête en bas, dans l'habitacle du train et l'avait inspecté à l'aide d'une lampe-torche. Il était resté plusieurs secondes dans cette position inconfortable avant de remonter. Il avait refermé la trappe, remis la moquette en place et annoncé laconiquement : « Tout va bien. » Puis il avait disparu dans le cockpit.

Quelques minutes plus tard, l'appareil avait atterri à Winnipeg au milieu d'une horde de voitures de pompiers et d'ambulances alignées au bord de la piste, leurs gyrophares rouges laissant à penser que la situation avait été beaucoup plus critique qu'on avait bien voulu leur dire. Cet incident l'avait secoué. Il avait compris combien il était impuissant quand il était à bord d'un avion.

Lors du second voyage problématique, Richard était assis à l'arrière d'un DC-9 d'Air Canada, dont les deux réacteurs étaient montés sur la queue, quand il s'était rendu compte au bruit que l'un d'eux fonctionnait mal. Le ronronnement régulier avait fait place à une sorte de bruit de battements. Le pilote avait annoncé que l'appareil se déroutait sur Montréal à cause de « problèmes techniques mineurs ». « Que se passe-t-il ? » avait demandé un passager à une hôtesse qui lui avait donné une réponse vague et neutre à souhait. Une fois de plus, l'avion s'était posé au milieu de voitures de pompiers et d'ambulances. En appelant Pauline, Richard avait appris que la radio nationale avait parlé des problèmes de moteurs de l'appareil.

Le 23 juillet 1983, Richard avait donc de bonnes raisons d'avoir des soupçons quand on évoquait des « problèmes mineurs » sur une ligne commerciale. Son regard croisa celui de Pauline quand il regagna son siège derrière celui de sa femme. Il y a un problème. Ils veulent nous voir regagner nos sièges pour un problème

d'équilibrage. Puis il songea à une autre raison beaucoup plus terrifiante : ils veulent aussi avoir une chance
de reconnaître les corps quand nous nous serons écra-
sés.

8

Le cockpit

Utilisant une fréquence réservée aux transmissions internes à la compagnie, Quintal envoya un message radio au bureau d'Air Canada de l'aéroport international de Winnipeg pour les avertir de l'arrivée imminente et inattendue du vol 143. Il expliqua brièvement qu'ils avaient des problèmes avec le système d'alimentation carburant. On mit les mécaniciens de Winnipeg en état d'alerte, pour qu'ils soient prêts à vérifier l'appareil de fond en comble dès qu'il se poserait, si toutefois il y parvenait.

Une fois de plus les trois hommes dans le cockpit du vol 143 entendirent le son obsédant d'une série de quatre bips d'alarme. Devant le commandant et le copilote, l'écran de visualisation couleur annonçait toujours la même sinistre nouvelle : les six pompes étaient en panne. Pearson grommela :

— J'espère simplement que c'est une... fausse alerte.

Puis il demanda à Dion :

— Tu vois quelque chose que nous n'aurions pas fait ?

— Non, Bob.

Quatre autres bips retentirent suivis d'un silence absolu puis quatre autres bips se déclenchèrent. Pearson ne s'était jamais trouvé dans une situation dont l'issue était aussi difficile à prédire. Manifestement, les moteurs étaient à sec, mais il n'y avait aucun moyen de dire combien de temps il leur restait avant que les pompes rendent complètement l'âme, avant qu'elles cessent d'alimenter les moteurs, avant que les moteurs s'arrêtent. Ils ne disposaient pas de jaugeurs carburant à lecture directe susceptibles de leur fournir des réponses à ces questions et aucun des hommes présents dans le cockpit ne faisait plus confiance aux chiffres fournis par l'ordinateur de gestion de vol.

Pearson manœuvrait l'appareil avec douceur et prudence pour exiger le moins d'efforts possible des moteurs. Il demanda à Rick Dion quelle était à son avis la meilleure méthode pour maintenir l'alimentation carburant vers les moteurs. Pearson fit une supposition : s'ils maintenaient l'appareil à une altitude horizontale plutôt qu'en piqué, les moteurs pourraient plus facilement aspirer le carburant restant dans les tuyaux. Dion acquiesça.

Quatre nouveaux bips insistants vinrent interrompre leur conversation. Le cockpit fut bientôt assailli de vibreurs sonores et de voyants de couleur les avertissant d'une série de problèmes de plus en plus graves. Pression d'huile du moteur gauche : en baisse. Température du moteur gauche : basse.

Neuf interminables minutes s'étaient écoulées depuis le début de la crise quand un bong ! sec fit sursauter les trois hommes. C'était le bruit qu'ils attendaient tout en le redoutant.

— D'accord, nous avons perdu le moteur gauche, confirma Pearson.

Les deux pilotes se lancèrent dans une manœuvre immédiate. Ils avaient perdu un moteur. Il y avait plusieurs procédures à suivre.

— Puissance et vitesse, lâcha Quintal.

— Vérifié.

— Fermer manette des gaz, désengager automanette.

— Désengagez.

— Je désengage maintenant.

— O.K., nous sommes...

Pearson fut interrompu par quatre autres bips. Pression d'huile moteur droit : en baisse. Température moteur droit : basse.

Quintal jeta un coup d'œil à Pearson qui semblait calme et se fit la leçon : « Ce n'est pas en étant nerveux que je vais l'aider. Je vais le gêner si je suis un paquet de nerfs. Mon job est de penser : "De quoi va-t-il avoir besoin maintenant ?" Je dois précéder ses désirs. » Quintal pria pour que ses mains s'arrêtent de trembler. « Il faut que je parle, n'est-ce pas ? Si je contrôle ma voix, tout ira bien. »

Il fut soulagé en s'entendant mettre le centre de contrôle au courant des événements critiques avec une maîtrise toute professionnelle.

— Nous avons perdu notre moteur n° 1. Nous avons besoin de tous les secours.

9

Le centre de contrôle de Winnipeg

— 143, vérifié, O.K., dit Ron Hewett au centre de contrôle aérien de Winnipeg.

Entendant l'échange entre Hewett et Quintal, Len Daczko appela la tour de contrôle par la ligne directe et demanda que les secours se préparent à accueillir l'appareil sur la piste.

Steve Denike alerta la commission chargée d'enquêter sur les accidents qu'un incident majeur était imminent. Quelle qu'en soit l'issue, chaque détail infime de cet incident serait examiné et réexaminé par la justice ainsi que le voulait la loi.

Dans les secondes qui suivirent, les contrôleurs entendirent la voix de Pearson demander l'autorisation d'emprunter la piste 18 au lieu de la 31 initialement prévue. C'était la première fois que le commandant s'adressait directement à eux et c'était une preuve flagrante de la détérioration rapide de la situation. Le pilote avait modifié sa stratégie. Pearson allait faire atterrir l'appareil sans perdre un instant.

La piste 31 était orientée sud-est-nord-est ; pour l'atteindre, Pearson devrait tourner vers le sud, utilisant ainsi un temps et un carburant précieux. En revanche, la piste 18 orientée nord-sud était sur la trajectoire directe du vol 143. Un autre facteur jouait également. La piste 18 était la plus longue de l'aéroport.

Hewett vérifia la vitesse des vents à deux reprises ; ils étaient trop faibles pour avoir une incidence quelconque sur l'atterrissage quelle que soit la piste choisie. Il consulta Daczko à propos de la demande de Pearson et celui-ci donna aussitôt son accord. Les contrôleurs savaient qu'une frénésie maîtrisée régnait à présent dans le cockpit. Pearson et Quintal étaient débordés. Pour tout développement important tel que la perte d'un moteur, ils devaient immédiatement respecter une série de procédures obligatoires. Ils devaient ensuite suivre les directives d'une liste de vérification imprimée. En outre, ils devaient diriger leur appareil vers Winnipeg, calculer et surveiller la trajectoire de descente exacte et se préparer à l'atterrissage. Le premier travail des contrôleurs était de dégager l'espace aérien, et c'était une tâche relativement facile du fait du faible trafic de ce samedi après-midi. En plus, ils se tenaient prêts à aider, mais ce n'était pas à eux d'offrir des solutions de rechange susceptibles de jeter la confusion dans le cockpit. Les pilotes étaient les mieux placés pour savoir ce qu'ils avaient à faire. Hewett ne prendrait donc pas l'initiative des transmissions.

Mais maintenant que les pilotes avaient demandé la présence des secours sur la piste, le règlement obligeait Hewett à réclamer certains renseignements. Si l'appareil s'écrasait sur la piste, les équipes de sauvetage devaient savoir combien de personnes se trouvaient à bord et les pompiers être à même de faire une évaluation en cas d'explosion.

Hewett posa donc la question suivante :

— 143, quand vous aurez le temps, nous aimerions connaître votre charge de carburant à l'atterrissage et le nombre total des personnes à bord.

10

Le cockpit

Comme Quintal avait trop à faire pour s'occuper de la question du contrôleur, il l'ignora. Ayant terminé l'exercice mémorisé, Pearson et lui passèrent systématiquement en revue la liste de vérification du dernier moteur disponible à l'atterrissage.

— Approche et atterrissage, volets à vingt, dit-il.

— Exact, confirma Pearson.

On baisse normalement les volets, énormes panneaux placés aux bords de fuite des ailes, à leur angle maximal de 30 degrés pour l'atterrissage. L'effet est spectaculaire : cela diminue la vitesse de l'air sous les ailes, empile des particules d'air sur la face inférieure, augmente la sustentation. Les volets permettaient à un avion de voler à une vitesse plus lente, ceci entraînant une descente contrôlée et sûre. A l'angle normal de 30 degrés, un 767 atterrit à une vitesse de 214 à 283 kilomètres/heure, selon le poids de l'appareil.

Toutefois, avec un seul moteur en état de marche, la liste de vérification donnait l'instruction aux pilotes d'atterrir avec les volets ouverts à 20 degrés seulement. C'était un compromis. L'angle d'ouverture plus faible des volets permettrait aux pilotes de mieux contrôler l'appareil pendant la dernière phase de roulement à l'atterrissage, compensant un peu la perte de moteur.

Mais cela entraînerait une vitesse d'atterrissage supérieure de 20 kilomètres/heure à la normale. Si l'appareil rencontrait un quelconque problème au sol, la vitesse plus grande aggraverait les choses.

Le fichier central sophistiqué du 767 avait du mal à digérer les écarts par rapport à la procédure normale. Par mesure de sécurité, les ordinateurs alertaient automatiquement les pilotes par le biais d'avertisseurs s'ils ne parvenaient pas à placer les volets à 30 degrés. Pour prévenir cette distraction, les pilotes durent débrancher le système automatisé.

— Interrupteur surpassement volets proximité au sol, psalmodia Quintal lisant la liste de vérification. C'est celui-là — interrupteur.

— O.K. Interrupteur surpassement volets. D'accord, continue, dit Pearson.

— Vitesse d'approche finale sera de vingt volets, vitesse plus vent... Attendez pour... il dit que nous pesons 98 000...

Se fondant sur le poids de 98 000 kilogrammes de l'appareil donné par l'ordinateur de gestion de bord, Pearson et Quintal placèrent leurs curseurs, languettes blanches mobiles, sur leur anémomètre, comme référence visuelle pour leur vitesse d'approche et d'atterrissage appropriée. Ils avaient quatre curseurs pour déterminer les vitesses de sécurité minimales à chacune des positions de volets qu'ils allaient utiliser pendant l'approche : 333 km/h était la vitesse de sécurité minimale avant de descendre les volets, 257 km/h avec un degré de volet et de becs de bord d'attaque, 246 km/h à 5 degrés de volets et 239 km/h à 20 degrés de volets à l'impact.

Le vol 143 était descendu à 28 000 pieds pour son approche de Winnipeg. Soudain, à 1 h 21 GMT et vingt-deux secondes, le cockpit plongea dans l'obscurité. Les modules de données lumineux, codés couleur et faciles à lire que fournissait l'ordinateur de gestion de vol, les affichages numériques qui donnaient la vitesse aérodynamique, l'altitude, la direction compas, les données de navigation, le régime moteur, la température et le nombre de tours/minute, le débit carburant, le niveau d'huile, la pression et la température, même l'horloge et les jauges de température — l'ensemble des gadgets électroniques du cockpit de l'avion le plus sophistiqué du monde — s'évanouirent en une seconde.

Le visage des trois hommes n'était plus éclairé que par les dernières lueurs blafardes de l'après-midi.

— Comment se fait-il que je n'aie plus d'instruments? demanda Pearson incrédule.

La réponse était aussi simple que terrifiante. La technologie de l'ère spatiale du cockpit du 767 s'alimente en électricité fournie par des générateurs activés par les deux énormes moteurs. A leur tour, les deux moteurs sont activés par du kérosène de type A-1. Cela ne s'était jamais produit auparavant — en fait, ni Boeing, ni Air Canada, ni Pearson, ni Quintal, ni Dion n'avaient envisagé ce cas de figure — mais si un 767 est à court de carburant, cela provoque un effet d'entraînement diabolique. Les moteurs s'arrêtent. Cela arrête les générateurs, stoppe la production d'électricité et transforme les affichages numériques du cockpit en des tubes à rayons cathodiques noirs, totalement inutiles. Pearson avait l'impression que le cockpit était devenu l'endroit le plus sombre de la terre.

« Voilà ce qui arrive », pensa Quintal. Mais une autre partie de son cerveau répliquait: « C'est impossible. Cela ne m'arrive pas à moi. »

Mais l'impensable s'était produit. Le commandant Bob Pearson et le copilote Maurice Quintal se retrouvaient à 28 000 pieds au-dessus du centre du Canada dans un Boeing 767 chargé de soixante-deux passagers et de huit membres d'équipage, à plus de 185 kilomètres de Winnipeg, avec moins d'instruments et de commandes qu'un Piper Cub. Ils étaient à présent confrontés aux conséquences d'une extraordinaire série de défaillances, de bourdes et de coïncidences malheureuses.

Aussi incroyable que cela pût paraître, ils étaient à court de carburant.

Pearson et Quintal consultèrent une autre liste de vérification d'urgence détaillant les procédures à suivre en cas de perte totale de puissance. La première tâche consistait à mettre en route le groupe d'énergie auxiliaire qui fournirait un soutien électrique, hydraulique et pneumatique. Pearson se tourna vers le mécanicien Rick Dion :

— Qu'en penses-tu ?

— Tu n'as rien à perdre, dit Dion. Mais je ne pense pas que cela fonctionne très longtemps.

Dion en arrivait à cette conclusion parce qu'il savait que le groupe d'énergie auxiliaire dépendait de la réserve de carburant disponible.

Quintal poussa le bouton. Quelques instruments reprirent vie.

— Ça revient, dit Quintal.

Dion leur suggéra d'ouvrir à nouveau les robinets d'intercommunication du réservoir central, s'accrochant au maigre espoir qu'il reste encore un peu de kérosène d'un vol précédent. Pearson essaya. Rien. Ils étaient sans aucun doute à court de carburant.

Quintal feuilleta la manuel de référence rapide jusqu'à ce qu'il trouve des instructions pour le déverrouillage de la turbine à air dynamique, pour l'abaisser de sa position dans le logement de train droit.

11

Le centre de contrôle de Winnipeg

« Il plane, se dit le contrôleur Ron Hewett. Il est dans un sacré pétrin. »

Hewett était un vieux de la vieille. Dans le temps, il arrivait qu'un avion ait parfois des problèmes de givrage dans la tuyauterie carburant ; de temps à autre, il y avait un problème de contamination du carburant. Mais il était rare dans le monde moderne — presque impensable — qu'un avion de ligne se retrouve sans moteurs. Chaque fois qu'il avait affaire à ce genre d'ennui aujourd'hui, c'était généralement un avion léger ayant des difficultés à cause d'un problème mécanique dans un moteur ou peut-être parce que le pilote était perdu. Il n'avait jamais imaginé rencontrer ce problème sur un 767.

En entendant les mots incroyables et inexplicables que venait de prononcer Quintal, Hewett étudia intensément son écran radar. L'écho qui avait signalé la présence du vol 143 et le triangle de données sur le vol disparurent brusquement.

Le vol 143 semblait s'être évaporé du ciel.

12

Le vol 155

—C'est Maurice, dit le copilote Gilles Sergerie à son commandant. Il faut que j'écoute ça.

Sergerie était le copilote du vol 155 d'Air Canada allant de Montréal à Calgary. Son Boeing 727, qui était à une demi-heure du vol 143, suivait une route similaire vers l'ouest mais à une altitude plus basse. Lui aussi était guidé par le centre de contrôle de Winnipeg et il écoutait la même fréquence radio que le vol 143. Il se serait intéressé de toute façon au drame qui se jouait mais, en l'occurrence, il avait une bonne raison de le faire. La voix envoyant le signal de détresse était celle de son proche ami et voisin Maurice Quintal.

« Quelle tuile! » s'était exclamé Sergerie quand il avait entendu que le vol 143 avait perdu un moteur.

La situation à ce moment-là sortait certes de la routine mais, pour un initié, elle n'était pas dramatique. Un avion peut perdre un moteur pour plusieurs raisons et continuer à voler en toute sécurité. Sergerie n'avait pas entendu le mot qui l'aurait le plus troublé, le mot qui était dans tous les esprits depuis la catastrophe de Cincinnati un mois auparavant — incendie. S'il n'y avait pas de feu, il y avait de fortes chances qu'ils réussissent à faire un atterrissage d'urgence.

Sergerie avait continué à vaquer à ses occupations, un

99

peu plus tendu que d'habitude mais optimiste. Il entendit le contrôleur Hewett demander le nombre de passagers à bord et la charge de carburant estimée à l'atterrissage. Quintal avait d'abord ignoré la question mais, quelques minutes plus tard, Sergerie eut un choc en entendant la réponse de Quintal : « Je n'ai plus de carburant. Euh, quant au nombre des passagers, j'y reviendrai... »

— Waouh ! s'exclama Sergerie.

Il alluma instinctivement une cigarette. Des nuages de fumée de cigarette se formèrent dans le cockpit du 727. Il y avait eu quelques précédents vaguement semblables : un DC-9 des Republic Airlines avait réussi un atterrissage forcé sur la base de l'armée de l'air de Luke dans l'Arizona avec seulement cinq gallons de carburant dans ses réservoirs ; un Boeing 747 de Pan American World Airways avait perdu trois de ses quatre moteurs peu après s'être posé à Newark dans le New Jersey parce qu'il commençait à manquer de carburant ; un Douglas DC-8 de United Airlines avait épuisé ses réserves de carburant en attendant l'autorisation d'atterrir et s'était écrasé au sol. Mais c'était la première fois qu'un avion de ligne commercial se retrouvait complètement à court de carburant — sans avertissement — en altitude de croisière au beau milieu d'un vol.

— Comment une chose pareille a-t-elle pu se produire ? se demanda Sergerie à voix haute. On ne se retrouve pas à court de carburant, c'est impossible !

13

L'ordinateur

Sur la tablette E2-4 du centre principal équipement situé dans le ventre du Boeing 767, trône l'une des merveilles de l'ère de l'électronique. C'est un calculateur numérique à deux canaux que l'on appelle l'ordinateur de quantité carburant. Suffisamment compact pour être portable, c'est néanmoins un ensemble complexe de circuits qui a le rôle le plus crucial de tous les ordinateurs du 767. Il doit fournir à l'équipage une comptabilité de la charge carburant de seconde en seconde. Il remplit cette tâche par le biais d'un système complexe de réseaux électroniques éparpillés dans l'appareil.

Ce système commence dans les réservoirs de carburant qui sont déjà des structures complexes en soi. Le profane a tendance à croire que les ailes d'un avion se résument à de vastes réservoirs creux, mais c'est simplifier à l'extrême. Si ce réservoir était réduit à un tube unique, ce serait catastrophique. Le niveau des énormes quantités de carburant qui s'y trouvent monterait et baisserait pendant le vol, créant ainsi une instabilité fatale. Pour parer à une telle éventualité, chacun des trois réservoirs du 767 est divisé en compartiments, quatorze par réservoir d'aile et quatre dans le réservoir central plus petit.

Ces compartiments contiennent du carburant, garantissent la stabilité de l'appareil et renferment en outre des détecteurs électroniques destinés à mesurer le volume, le poids et la température du carburant transporté. Réussissant une première technologique, les ingénieurs et les sous-traitants de Boeing ont doté les réservoirs du 767 de la capacité d'indiquer leur propre contenu. A chaque seconde du vol, une masse de messages électroniques transitent entre les réservoirs de carburant et l'ordinateur de la tablette E2-4. L'ordinateur de quantité carburant digère ces données, s'adapte en fonction des variables de température et d'altitude et fournit un état des lieux sur le carburant en temps réel qui apparaît dans le cockpit sous la forme d'un affichage à cristaux liquides lumineux et parfaitement lisible.

Du fait de la nature cruciale de ses données, l'ordinateur de quantité carburant revérifie ses propres calculs sur l'un des deux canaux d'exploitation indépendants et redondants. Les deux canaux distincts sont issus de sources d'alimentation électriques spécialisées, reliées entre elles grâce à un dispositif connu sous le nom de « table mère ». Chaque canal est capable d'effectuer son travail sans l'aide de l'autre et le système est tellement sophistiqué que l'ordinateur peut surveiller la qualité de sa propre performance. D'un instant à l'autre, l'ordinateur de quantité carburant sait lequel de ses canaux fonctionne le plus efficacement et porte son choix sur lui. Si l'un des canaux est défectueux, il le coupe. Aux yeux des concepteurs du système, des mécaniciens qui s'en servaient et des pilotes qui lui avaient confié leur vie, l'ordinateur de quantité carburant semblait presque totalement fiable.

Toutefois, aucun d'entre eux n'était en mesure d'examiner ses circuits de près. S'ils avaient eu la formation, la capacité, l'occasion et l'équipement pour ce faire, ils auraient découvert une aberration à l'intérieur du plus grand des six inducteurs enrobés de mastic époxy. En examinant les entrailles de cet inducteur, ils auraient trouvé un joint « soudé à froid » — un raccordement partiel et mal fait — contrôlant le fonctionnement du canal 2 de l'ordinateur de quantité carburant.

Normalement, 5 volts de courant passaient par ce joint, assurant ainsi le bon fonctionnement du canal 2. Si le raccordement avait été complètement défectueux, le courant ne serait pas passé et l'ordinateur de quantité carburant, de par sa conception, aurait désactivé le canal 2 et utilisé le canal 1. Le raccordement partiel était une défectuosité cruciale car il permettait à environ 0,7 volts de passer, ce qui suffisait à rendre le système défectueux. Comme le flux de courant était insuffisant, le canal 2 ne fonctionnait pas correctement. Mais comme il y avait tout de même du courant qui passait, l'ensemble du système en était affecté. Pas conçu pour recevoir un flux partiel, l'ordinateur avait levé les bras au ciel de désespoir et s'était arrêté de fonctionner.

Cela devint apparent à l'aéroport international d'Edmonton le soir précédant le voyage fatidique du vol 143. Tout commença quand Conrad Yaremko, technicien de l'entretien âgé de trente et un ans, fut chargé de résoudre un problème déroutant sur l'appareil 604 pour le préparer à un vol matinal vers Ottawa et Montréal puis à un voyage de retour dans la même journée qui recevrait le nom de vol 143. On informa Yaremko que l'ordinateur de quantité carburant présentait des défaillances.

L'appareil en question était le dix-huitième modèle de 767 à sortir de la chaîne de montage de la Compagnie Boeing à Seattle. En service depuis seulement trois mois, son ordinateur de quantité carburant était soupçonné de mal fonctionner depuis le début. Des problèmes intermittents surgis au cours des dernières semaines avaient indiqué une défaillance interne tenace, un accroc au cœur même du réseau électronique complexe, mais personne n'avait été capable de le localiser avec précision. La solution la plus évidente était de remplacer le microprocesseur mais il n'y avait pas de pièce de rechange disponible. Yaremko savait qu'il devait effectuer les réparations appropriées sinon l'appareil serait immobilisé au sol.

Quand Yaremko entra dans le cockpit de l'appareil 604, il se rendit compte que les jaugeurs carburant étaient muets. Cela le rendit perplexe, car le système électronique à deux canaux aurait dû neutraliser le problème. Même si un canal tombait complètement en panne, l'ordinateur pouvait fonctionner sur l'autre et, de l'avis de Yaremko, il était improbable que les deux canaux soient tous les deux en panne.

Suivant les procédures détaillées dans son manuel d'entretien, Yaremko chercha la source du problème. Il devait d'abord s'assurer que l'ordinateur recevait son alimentation électrique normale. Il localisa les panneaux des disjoncteurs dans le cockpit, au-dessus et à l'arrière du siège du commandant. Il mit les disjoncteurs des deux canaux en position arrêt, attendit environ dix secondes puis les remit en position marche. Puis il quitta le cockpit et se rendit dans le centre principal équipement dans le ventre de l'appareil. Il trouva l'ordinateur de quantité carburant sur la tablette E2-4 et activa le système de vérification d'équipement intégré, l'élément qui permettait à l'ordinateur de surveiller ses propres performances.

Choisissant le canal 1, Yaremko appuya sur le bouton indiquant « appuyer pour vérifier ». Un affichage numérique annonça le chiffre 88,8, le code signalant que le canal 1 fonctionnait normalement. Il passa alors sur le canal 2 et procéda à la même vérification, mais l'affichage numérique resta muet. Il y avait manifestement une défaillance sur le canal 2. Et il était aussi évident que le canal 1 aurait dû automatiquement prendre le relais, faisant ainsi marcher les jaugeurs carburant. Pourquoi n'était-ce pas le cas?

En bon dépanneur, Yaremko décida de faire une expérience. Il retourna dans le cockpit et débrancha à nouveau les disjoncteurs des deux canaux. Puis il ne rebrancha que le canal 1. En quelques secondes, les jaugeurs carburant se remirent à fonctionner, leur affichage numérique indiquant une charge totale de carburant de 4 400 kilogrammes restant du vol précédent.

Yaremko n'avait rien fait pour réparer la mystérieuse avarie nichée au cœur de l'ordinateur de quantité carburant, mais il avait trouvé un biais pour contourner le problème. Il était tombé par hasard sur une façon de pallier la défaillance. Il n'avait aucun moyen de connaître l'existence du joint mal soudé dans le canal 2, mais il se rendit compte empiriquement que, tant que le disjoncteur du canal 2 était en position arrêt, le canal 1 semblait fonctionner correctement et fournir toutes les données nécessaires sur la quantité carburant. Pour s'assurer que personne ne viendrait compromettre sa solution de fortune, Yaremko couvrit le disjoncteur du canal 2 d'un ruban adhésif jaune marqué HS. Le ruban jaune vif indiquait à tous que le disjoncteur devait rester en position arrêt jusqu'à ce que l'entretien s'en occupe. C'était une solution temporaire habituelle pour les défaillances électroniques.

Les jaugeurs carburant avaient beau marcher, Yaremko n'était pas encore sûr que l'appareil fût en état de voler. Ce n'était pas à lui de décider s'il était prudent de voler avec seulement un canal en état de fonctionnement sur l'ordinateur de quantité carburant. La décision était à prendre selon le règlement.

Les avions sont construits sur le principe de la redondance. On n'attend pas d'une machine aussi complexe qu'un avion à réaction de fonctionner avec tous ses composants en état de marche. Il y a des pannes, des défaillances. De ce fait, chaque composant crucial est muni de systèmes et procédures de secours. Le passager est loin de se douter de la fréquence des recours à ces redondances. En fait, les problèmes techniques mineurs sont la norme et non l'exception, notamment sur un appareil neuf.

Certains systèmes sont plus essentiels que d'autres. Certains systèmes de soutien servent à la conduite normale d'un vol fiable ; d'autres ne sont faits que pour les cas d'urgence. A cette fin, Air Canada, comme toutes les compagnies aériennes, publie un MEL (*Minimum Equipment List,* liste d'équipement minimal) qui donne le détail de l'équipement minimal requis pour un vol de routine sans danger. Yaremko vérifia le MEL pour voir ce qu'il prescrivait en cas de panne de l'un des canaux de l'ordinateur de quantité carburant. Il nota dans le livre de bord de l'appareil 604 : « Indicateur de quantité carburant muet. Défaillance du canal 2. Disjoncteur du canal 2 tiré et verrouillé. Jaugeage requis avant départ. » Ce dernier commentaire indiquait que, selon le paragraphe 28-41 : 02 du MEL, l'appareil pouvait voler avec seulement un canal de l'ordinateur de quantité carburant en état de marche, à condition que l'on effectue une mesure manuelle pour vérifier la charge carburant initiale. Cette procédure était connue de tous les mécaniciens. Elle confirmerait simplement et facilement les données fournies par l'unique canal en état de marche de l'ordinateur de quantité carburant.

Avant le décollage à Edmonton, les mécaniciens effectuèrent la procédure de jaugeage manuel qui confirma la charge carburant indiquée par le canal 1. Les jaugeurs carburant étaient restés muets à deux reprises, mais ces incidents s'étaient produits au sol, pendant la révision. A part cela, le vol vers Ottawa et

Montréal se passa sans dommage et, au milieu de l'après-midi, l'appareil 604 était à son emplacement à Montréal, prêt pour la révision avant le voyage de retour.

Jean Ouellet se reposait dans le fumoir mis à la disposition du personnel de l'entretien à l'aéroport Dorval de Montréal. Brun de taille moyenne, doux et d'une timidité maladive, ce mécanicien âgé de quarante-trois ans travaillait depuis dix-sept ans dans le service d'entretien d'Air Canada. Six semaines plus tôt, il avait terminé un cours de formation de deux mois destiné à le préparer à travailler sur le Boeing 767, mais il n'avait pas encore été affecté à un appareil de ce type. La veille, il était rentré de deux semaines de vacances et il savourait les dernières minutes de calme avant sa prise de service à 15 h 20 quand Gary Geldart, son chef d'équipe, vint le trouver.

— Ce soir, vous travaillez sur un 767, lui dit Geldart. Le 604 rentre avec un problème. Il a besoin d'un jaugeage manuel. Bourbeau vous donnera un coup de main.

Ouellet ne connaissait que vaguement Rodrigue Bourbeau, n'ayant eu que rarement l'occasion de travailler avec ce mécanicien de cinquante-deux ans.

Ouellet rassembla ses outils, les chargea dans son camion et rejoignit le bureau de l'entretien près de la piste où il étudia les données sur microfiches qui décrivaient en détail le système d'alimentation carburant du 767 et les procédures de vérification manuelle de la charge carburant. Il fit des photocopies des pages en question.

Il y a huit jauges à main réparties sous chacune des ailes du 767. Elles ressemblent aux jauges à huile d'une automobile, à la différence près qu'elles sont montées à l'envers. Elles servent d'axe à un flotteur magnétique situé à l'intérieur du réservoir. Quand on la tourne dans le sens contraire des aiguilles d'une montre, une jauge à main sort de son enveloppe et tombe jusqu'à ce que le flotteur magnétique entre en contact avec la surface du carburant. La profondeur de la charge carburant à cet endroit précis est alors indiquée par des repères gradués sur la jauge à main.

Comme l'aile d'un 767 est complexe, en flèche positive avec un angle de dièdre, on doit relever les données à plusieurs endroits. Le mécanicien prend également d'autres variables en compte. On construit les aires de stationnement en pente par rapport au terminal pour faciliter la vidange, si bien que le niveau du carburant varie en conséquence selon les endroits. On doit mettre les données de la jauge à main en corrélation avec l'inclinaison longitudinale et le roulis de l'appareil. On obtient ce renseignement grâce aux inclinomètres situés à l'intérieur du logement du train d'atterrissage principal ou grâce à une autre série d'inclinomètres installés dans le cockpit. En comparant toutes ces données, un mécanicien peut calculer avec une grande précision le volume de carburant à bord. Pour le débutant, la procédure et ses calculs peuvent paraître compliqués, mais pour des mécaniciens comme Ouellet et Bourbeau, cela fait partie de la routine. Chaque fois qu'il y a une incertitude quant à la charge carburant, on vérifie généralement au moyen d'une jauge manuelle.

Ouellet était en train de se rafraîchir la mémoire à propos de la procédure du jaugeage manuel quand Bourbeau entra dans la pièce.

— Vous vérifiez pour le jaugeage manuel sur le 767 ?

— Oui, répondit Ouellet.

— Nous allons travailler ensemble, reprit Bourbeau en parcourant les photocopies de Ouellet. Comment ça se présente ?

— Pas trop mal. Cela a l'air assez simple.

— Vous pourriez m'en faire une copie ?

— Bien sûr.

Ouellet fit une autre photocopie, puis vérifia l'heure. Il était presque 15 h 50.

— On ferait bien d'y aller. L'appareil doit être arrivé.

Ouellet et Bourbeau ignoraient pourquoi le jaugeage manuel était nécessaire, mais ils savaient que le livre de bord de l'appareil leur en fournirait l'explication. C'est ce qu'ils commenceraient par consulter. Les deux hommes partirent vers l'aire de stationnement où l'appareil 604 attendait sa révision. Les passagers avaient déjà débarqué et, en montant à bord, les deux mécaniciens croisèrent les deux pilotes, le commandant John Weir et le copilote Don Johnson, qui partaient, les laissant seuls dans l'énorme appareil vide.

Bourbeau prit le livre de bord sur son support au centre du cockpit. Il s'installa sur le siège du copilote et ouvrit le livre sur ses genoux. Ouellet était debout à côté de lui. Ils lurent les remarques de Yaremko rédigées à Edmonton : « Indicateur de quantité carburant muet. Défaillance du canal 2. Disjoncteur du canal 2 tiré et verrouillé. Jaugeage requis avant départ. » Cela parut bizarre à Ouellet. Si l'un des canaux était en panne, l'autre était censé prendre automatiquement le relais. Pourquoi avoir besoin de tirer le disjoncteur ? Ni Ouellet ni Bourbeau ne procédèrent à une vérification détaillée parce qu'ils étaient pressés par le temps. S'ils l'avaient fait, ils se seraient rendu compte que les jaugeurs carburant fonctionnaient malgré l'ambiguïté de la note de Yaremko. Mais un autre 767 à réviser venait d'atterrir et roulait vers la Porte 4. Bourbeau partit s'en occuper et Ouellet alla dans la cabine passager pour régler un autre problème, une avarie mineure dans le four de l'office arrière.

Dix minutes plus tard, après avoir réparé le four, en

repartant vers le cockpit, Ouellet jeta un coup d'œil à l'extérieur gauche pour voir si le camion citerne était en position. Il n'était pas là. Cela risquait de provoquer un retard, car les mécaniciens ne pouvaient manifestement pas vérifier le niveau de carburant si celui-ci n'était pas encore chargé. « Bien, se dit-il. J'ai une ou deux minutes devant moi avant l'arrivée du camion. Je vais faire un essai de vérification avec l'ordinateur. » Cela ne faisait pas partie des instructions, mais ce problème particulier éveillait sa curiosité professionnelle, et il décida donc de prendre l'initiative. Après tout, c'était la première occasion qui se présentait de se familiariser avec ce fameux appareil neuf.

Ouellet savait que la première procédure était de remettre les disjoncteurs en marche. Il localisa le disjoncteur du canal 2 de l'ordinateur de quantité carburant. Sans retirer l'adhésif jaune appliqué par Yaremko — l'adhésif marqué HS —, Ouellet remit le disjoncteur en position marche, recréant sans le savoir le problème technique provoqué par le joint mal soudé. Il passa ensuite au tableau électrique pour effectuer la vérification. Il essaya le canal 2 et, selon ses propres termes, « tout un tas de choses bizarres se produisirent », si bien qu'il passa sur le canal 1. Il obtint la donnée 88,8, ce qui signifiait que le canal fonctionnait. Cela le rendit aussi perplexe que Yaremko la veille au soir à Edmonton. Si le canal 1 fonctionnait, les jaugeurs carburant devaient fonctionner mais, d'après les notes de Yaremko dans le livre de bord, ils étaient muets. En quête d'autres données, il retourna au bureau de l'entretien pour étudier les microfiches, sans se rendre compte qu'en rebranchant le disjoncteur du canal 2, il avait provoqué la panne des jaugeurs carburant.

Dans le bureau des opérations aériennes, le commandant John Weir qui venait d'arriver d'Edmonton et

Ottawa sur l'appareil 604 parla brièvement avec le copilote Maurice Quintal.

— Vous prenez le vol 143 avec l'appareil 604? demanda Weir.

— Oui. Comment sont l'appareil et l'itinéraire?

— Il y a un déroutement sur le plan de vol, dit Weir. Le 604 a un problème de carburant.

Weir précisa que, selon le MEL, cela allait nécessiter un jaugeage manuel et allonger le processus de ravitaillement. Une solution était de s'écarter de la procédure normale. Au lieu d'embarquer une charge carburant minimale entre Montréal et Ottawa et de se ravitailler pour le parcours plus long jusqu'à Edmonton, Weir suggéra à Quintal d'embarquer suffisamment de carburant pour la totalité du voyage jusqu'à Montréal. De cette manière, le vol 143 ne prendrait pas un nouveau retard en se ravitaillant à Ottawa.

Quintal trouva l'idée bonne. Il appela le centre de régulation des vols de Toronto et demanda un changement de plan de vol autorisant le chargement carburant supplémentaire à Montréal.

Vêtu d'un blazer bleu aux boutons dorés avec l'emblème d'Air Canada épinglé à sa poche de poitrine gauche, un nécessaire de voyage et un porte-documents plein de manuels d'utilisation à la main, le commandant Pearson traversa de sa démarche assurée le parking du personnel pour rejoindre le terminal. A mi-chemin, il rencontra ses amis John Weir et Don Johnson. Les trois hommes pilotaient des 767 pour Air Canada et jouaient aussi au hockey ensemble. Weir était un voisin de Pearson à Beaconsfield, dans la banlieue ouest de Montréal. Johnson et Pearson faisaient tous les deux partie de l'Association des pilotes de ligne canadiens, Johnson en tant que représentant des pilotes basés à Montréal et Pearson en tant que négociateur de contrats. Les trois hommes parlèrent boutique quelques minutes et c'est ainsi que Pearson fut mis au courant de l'ennui technique sur le 604.

Dans un sens, ce n'était pas le problème de Pearson du fait d'un nouveau changement très controversé des procédures de la compagnie aérienne. Boeing avait conçu le 767 pour qu'il vole soit avec trois pilotes (un commandant, un copilote et un second officier ou mécanicien navigant), ce qui était devenu la norme de l'industrie pour les plus grands avions — soit avec seulement un commandant et un copilote ; Boeing laissa aux instances de réglementation aérienne le soin de déterminer si la technologie moderne avait rendu inutile la présence d'un mécanicien navigant.

A l'origine, Air Canada avait projeté d'utiliser trois pilotes sur le 767 mais quand, après de longs débats houleux, l'Agence fédérale de l'aviation avait autorisé les compagnies américaines à exploiter le 767 avec seulement deux pilotes, Air Canada leur avait emboîté le pas. Les membres de l'association des pilotes avaient accepté cette limitation, sachant que l'avenir de leur job dépendait de la vitalité économique de leur compagnie aérienne propriété de l'État. Air Canada ne pouvait pas verser le salaire d'un troisième pilote et conserver sa compétitivité face aux compagnies américaines. « Comme nous ne voulions être taxés de protection excessive de la main-d'œuvre, rapporta Pearson, nous avons obtenu des assurances de la compagnie que les pilotes ne seraient pas surchargés de travail. Il n'était pas question qu'elle impose le travail de trois personnes à deux seulement. »

La décision nécessita une révision des manuels d'utilisation. Même avec l'assistance des merveilleux ordinateurs du 767, deux pilotes ne pouvaient pas s'occuper de tous les détails qu'ils étaient trois à régler auparavant. Il fallut donc confier certaines de ces tâches au personnel au sol. Un changement d'importance fut de retirer aux pilotes la responsabilité de la surveillance de l'opération de plein carburant. Pendant leur formation, les pilotes du 767 s'entendaient dire que cette tâche, remplie auparavant par le mécanicien navigant, relevait maintenant du domaine du personnel d'entretien.

Mais, dans un sens plus large, Pearson savait qu'il était responsable de tout. Un avion en l'air, comme un bateau en mer, est une nation en soi. Bien sûr, les systèmes de soutien ne manquaient pas, tels que les bulletins météorologiques, les rapports du contrôle du service aérien, de même que le bloc technologique à bord. Dans des circonstances normales, un pilote obéissait aux ordres du contrôleur du trafic aérien et respectait les règles de la navigation aérienne. Tout cela s'annulait dans des circonstances extraordinaires. Le fait est qu'un avion, une fois en l'air, est un empire dirigé par son commandant. La responsabilité commence ici.

Pearson savait donc que, dans la mesure où l'alimentation carburant affectait la sécurité de sa charge, il en était responsable. Il écouta donc soigneusement l'exposé du problème du 604 que lui fit Weir. Aucun des trois pilotes n'en comprenait les implications techniques, ce que, d'ailleurs, on ne leur demandait pas. Ce qui préoccupait Pearson, c'était que l'avarie allait retarder le départ d'au moins quinze minutes et les explications de Weir et Johnson quant à la manière dont ils avaient gagné du temps en faisant le plein en une seule fois pour aller sans ravitaillement jusqu'à Edmonton retinrent son attention.

— Ça me paraît une bonne idée, dit Pearson. On va faire la même chose.

Comprenant qu'il ne pouvait pas réparer l'ordinateur de quantité carburant, le mécanicien Jean Ouellet se dit: « Je ferais aussi bien de remonter tirer le disjoncteur et de le laisser en l'état. » Il retourna dans l'appareil 604 et s'approcha du cockpit qu'il trouva grouillant d'employés de piste en train de s'acquitter de leurs diverses fonctions. Rod Bourbeau était revenu lui aussi.

Ouellet n'eut pas le loisir d'entrer dans le cockpit pour désactiver le disjoncteur du canal 2.

— Nous n'avons pas beaucoup de temps, lui dit Bourbeau.

Ouellet acquiesça. Ils devaient jauger manuellement les réservoirs pour calculer la quantité de carburant qui restait du vol précédent. Le responsable du camion citerne saurait alors quelle quantité ajouter. Ensuite, il faudrait procéder à un autre jaugeage manuel pour confirmer la charge carburant totale.

Le surcroît de travail amena Ouellet à commettre une erreur fondamentale : il ne désactiva pas le disjoncteur du canal 2. S'il l'avait fait, les jaugeurs carburant auraient fonctionné à nouveau, comme cela s'était passé avec Yaremko. Mais tant que le disjoncteur était en position marche, les jaugeurs carburant continueraient à faire preuve de ce mutisme déconcertant produit par un ordinateur récalcitrant.

— Je n'ai jamais fait ça sur un 767, dit Bourbeau.

C'était aussi le cas de Ouellet, mais il avait effectué ce jaugeage manuel sur beaucoup d'autres types d'avions et il savait que le procédé était le même.

La première chose à faire était d'établir la pente de l'appareil. Bourbeau plaça une échelle contre la carlingue et grimpa dans le logement du train gauche où il remarqua que les inclinomètres indiquaient un angle de 0,5 pour les ailes de l'appareil. Le nez était à niveau.

Les mécaniciens savaient qu'il ne resterait pas beaucoup de carburant dans les réservoirs après le long vol entre Edmonton et Ottawa, si bien que cela ne servait à rien de vérifier les jauges manuelles des bords extérieurs plus élevés des ailes. Consultant les photocopies des microfiches, ils localisèrent la jauge manuelle n° 2 sur la face inférieure de l'aile gauche, près du fuselage. Ils garèrent un camion sous l'aile gauche dans le petit espace entre le fuselage et le moteur et grimpèrent dessus pour procéder au jaugeage manuel.

Ouellet montra à Bourbeau comment débloquer la jauge en poussant doucement et en la tournant de 90 degrés dans le sens contraire des aiguilles d'une montre. Il la tira complètement, puis la laissa doucement remonter jusqu'à ce que le flotteur magnétique s'immobilise à la surface du carburant. Il suffisait ensuite de lire la profondeur du carburant grâce aux repères. A cet endroit, le carburant était profond de 64 centimètres.

Les mécaniciens conduisirent leur camion sous l'autre aile et répétèrent la procédure avec des résultats similaires. La jauge n° 2 sous l'aile droite annonçait 62 centimètres de carburant.

Le copilote Maurice Quintal pénétra dans le cockpit où il trouva Ouellet et Bourbeau plongés dans l'examen du manuel de jaugeage à couverture bleue qui convertissait les données du jaugeage en chiffres significatifs. Quintal posait son sac sur son siège quand il entendit l'un des mécaniciens demander :

— Qu'est-ce que c'est que ce chiffre ?

— Je peux vous aider ?

Bourbeau savait que pour déchiffrer les mesures du jaugeage manuel, il devait trouver la page qui correspondait aux mesures d'attitude. Il feuilleta le manuel jusqu'à ce qu'il trouve la page à utiliser quand le nez de l'appareil était à niveau.

— Voilà la bonne page. O.K., on a soixante-quatre.

Il suivit du doigt une colonne de chiffres jusqu'à ce

que la mesure de jaugeage de 64 centimètres corresponde au 0,5 degré d'angle des ailes. Le manuel de jaugeage indiquait que le réservoir de l'aile gauche contenait 3 758 litres de carburant.

Ouellet nota les chiffres, fit le total et conclut qu'après son vol en provenance d'Edmonton, l'appareil 604 transportait encore 7 682 litres de carburant dans ses réservoirs.

Selon les normes aériennes, le cockpit du 767 est un vaste espace parce qu'il a été conçu à l'origine pour trois pilotes. Mais lorsque le commandant Bob Pearson pénétra dans le cockpit ce jour-là, il dut se glisser entre Ouellet et Bourbeau et le responsable du camion citerne Tony Schmidt qui était là lui aussi. Normalement, Pearson ne voyait jamais de mécaniciens dans le cockpit. Généralement, à l'heure où il arrivait, les mécaniciens avaient déjà signé le livre de bord, certifiant que l'appareil était fiable.

Mais aujourd'hui, les mécaniciens discutaient dans un mélange de français et d'anglais avec Quintal du sens des colonnes de chiffres dans le manuel de jaugeage.

Pearson posa son nécessaire de voyage à l'arrière de la cabine, plaça son porte-documents rempli de manuels d'utilisation à côté de son siège puis se fraya un chemin vers la cabine pour son briefing habituel avec le chef de cabine Bob Desjardins.

— Qu'est-ce qui se passe ? demanda Desjardins, faisant allusion au cockpit plein à craquer.

Pearson expliqua que l'appareil était rentré d'Edmonton avec un problème de jaugeur carburant. Un canal ne marchait pas, il fallait procéder à un jaugeage manuel et le vol aurait un retard d'environ un quart d'heure au décollage.

Desjardins décida de faire embarquer les passagers à l'heure prévue pour diminuer les risques d'un nouveau retard une fois que le problème de carburant serait résolu.

Situé dans un compartiment sous l'aile gauche, le panneau de ravitaillement du 767 contient une collection de contrôles informatisés qui se chargent normalement de tout à l'exception peut-être de l'arrimage des tuyaux. Le responsable du camion citerne se contente de composer le nombre requis de kilogrammes, presse un bouton et l'appareil étanche lui-même sa soif.

Mais ce jour-là, la collection de gadgets sur le panneau de ravitaillement était muette, comme les jaugeurs carburant, si bien que quelqu'un devait dire à Tony Schmidt quelle quantité de kérosène il devait charger afin de satisfaire aux exigences du concept de minimum carburant.

Selon la loi canadienne, un appareil doit transporter suffisamment de carburant pour arriver à sa destination tout en en ayant encore assez à bord pour tourner autour du terrain à basse altitude pendant au moins trente minutes supplémentaires en cas de retard imprévu. Pour un 767, ce minimum légal était de 2 200 kilogrammes de plus que la quantité nécessaire pour arriver à destination. Pearson avait l'habitude d'ajouter un petit « facteur de dernière heure » en cas d'imprévus comme, par exemple, la nécessité de manœuvrer pour éviter des turbulences.

En temps normal, le vol 143 quittait Montréal avec une relative pénurie de carburant car il n'avait besoin que d'environ 1 700 kilogrammes de kérosène pour atteindre Ottawa plus les 2 200 kilogrammes de réserve. Aujourd'hui, il lui en fallait beaucoup plus. Le plan de vol révisé qui lui permettrait d'atteindre Edmonton sans se ravitailler à Ottawa exigeait un total de 22 300 kilogrammes de kérosène, dont 300 pour manœuvrer, les 2 000 kilogrammes de réserve et le facteur de dernière heure de Pearson.

Tony Schmidt ignorait la destination de l'appareil et cela ne le concernait pas. Son boulot était de s'assurer que les réservoirs contenaient bien les 22 300 kilogrammes de kérosène requis par son ticket de carburant. Il ne pouvait pas se contenter de composer ce chiffre sur le panneau de ravitaillement puisque les jaugeurs étaient muets. Au lieu de se fier aux jaugeurs carburant de l'appareil, il aurait à utiliser les jauges de son camion et cela présentait un problème. Il devait pomper un *volume* précis de carburant pour atteindre le *poids* voulu de carburant. En d'autres termes, il devait compter des pommes pour obtenir un nombre précis d'oranges.

Les mécaniciens et lui étaient à présent confrontés à un problème digne de ceux dont sont truffés les manuels scolaires de mathématiques : les réservoirs d'un avion contiennent 7 682 litres de kérosène restant du vol précédent. Combien de *litres* doit-on ajouter pour que les réservoirs contiennent un total de 22 300 *kilogrammes* de kérosène ?

Le mécanicien Rod Bourbeau tenta de faire quelques calculs et se retrouva confronté au problème que connaissaient bien des Canadiens depuis l'adoption du système métrique. Voyant la frustration de Bourbeau, Quintal proposa de l'aider.

— Bien, dit-il. Le nombre de litres multiplié par le poids d'un litre nous donnera des kilogrammes, non ?

C'était le travail des responsables des camions citerne de calculer trois fois par jour le rapport entre le volume et le poids du carburant. Comme le poids du kérosène varie selon la température et selon d'autres conditions, on doit connaître le rapport en cours afin de faire des calculs exacts. Apercevant Schmidt à l'arrière du cockpit, Quintal demanda :

— Quelle est la gravité spécifique ?

— 1,77, répondit Schmidt.

Ce chiffre disait quelque chose à Quintal. Il l'avait vu sur de nombreuses fiches de carburant. S'ils parlaient en gallons, le chiffre serait d'environ 8 livres par gallon. Aux États-Unis, avec leur version du gallon, le chiffre serait d'environ 6,6. Mais pour les litres, 1,77 lui disait vraiment quelque chose.

— Bon, dit Quintal en français. Faisons la multiplication.

Pendant que les hommes se débattaient avec leurs calculs, le commandant Pearson, en ayant terminé avec le chef de cabine Bob Desjardins, se glissa dans le cockpit pour faire sa vérification pré-vol. Le pilote voulait s'assurer qu'il était légal de faire voler un 767 avec des jaugeurs carburant muets. En d'autres termes, il avait suffisamment de bon sens pour suivre la coutume vieille comme le monde qui consiste, pour un pilote, à couvrir ses arrières.

Il passa à côté de Quintal et des mécaniciens toujours plantés au milieu du cockpit et tendit la main vers la bibliothèque de bord située près du siège du copilote qui renfermait les nombreux manuels requis sur chaque vol, dont le manuel de référence rapide pour les urgences, un manuel de compte-rendu des défaillances avec les codes renvoyant aux problèmes mécaniques, un manuel détaillant la disposition des disjoncteurs (destiné au personnel d'entretien et non aux pilotes) et le volume qui retenait à présent toute son attention, à savoir le MEL.

Il y a trois manières d'immobiliser un appareil d'Air Canada au sol. Si les conditions atmosphériques sont mauvaises, le commandant ou le Bureau de régulation des vols de Toronto peut annuler le vol. Pour des raisons mécaniques, un appareil peut être immobilisé soit sur l'ordre du pilote soit sur celui du centre de contrôle de l'entretien et, en l'occurrence, les attributions de pouvoir sont un peu floues, ce qui provoque parfois des tiraillements. Un pilote ne peut décoller que si l'autorisation lui en a été donnée par le personnel d'entretien. Une fois que l'entretien a donné le feu vert, c'est au commandant de décider s'il part ou non. C'est lui qui est responsable de l'appareil en dernier ressort. Toutefois, le pilote fait l'objet de pressions subtiles mais réelles pour faire le nécessaire pour décoller. Un avion de ligne représente un énorme investissement qui n'est rentable que lorsqu'il vole.

Beaucoup de pilotes pensent que le personnel d'entretien a le pouvoir de décréter qu'un appareil est fiable, même quand leur jugement est contredit par le MEL. Pearson se souvenait d'un incident de ce genre qui s'était produit des années auparavant à Saskatoon dans le Saskatchewan. Une autorisation du personnel d'entretien contraire au MEL ne peut obliger les pilotes à décoller, mais un pilote trop prudent qui immobilise trop souvent son appareil au sol pour des raisons jugées banales par les autres court le risque de se voir lui-même immobilisé au sol. « Pour immobiliser un appareil au sol, avait coutume de dire Pearson, il faut une foutue bonne raison. »

Le MEL n'était donc pas toujours l'autorité ultime. C'était un document qui évoluait et s'étoffait à mesure que les pilotes et les mécaniciens se familiarisaient avec un nouveau type d'appareil. Le MEL du 767 était un reflet de la nouveauté de l'appareil ; sur certaines pages ne figurait pas le cachet « A préciser ». Certaines des procédures décrites par le MEL étaient en fait impossibles à effectuer. Par exemple, un paragraphe expliquait une procédure étape par étape pour déterminer la charge carburant lorsqu'un jaugeur était inutilisable. Selon lui, il fallait commencer les calculs en notant la quantité de carburant restant dans les réservoirs après le vol précédent qu'annonçait l'ordinateur de gestion de vol. Le problème avec ces instructions, c'était qu'une fois que l'appareil arrivait en bout de piste et que les pilotes coupaient les moteurs, c'était une alimentation électrique au sol qui prenait le relais, ce qui provoquait une interruption momentanée de courant suffisante pour effacer la mémoire de l'ordinateur de gestion de vol.

En tout, quelques cinquante-cinq modifications avaient été apportées au MEL depuis la mise en service du 767 trois mois avant. En fait, il existait trois versions du MEL, une pour les pilotes, une pour les mécaniciens, et une autre encore utilisée par l'entretien. Il était donc assez difficile de se fier complètement au MEL de bord.

En l'occurrence, Pearson n'avait que ce manuel sous la main. Il se concentra sur le paragraphe auquel le renvoyait la note de Yaremko, à savoir l'alinéa 28-41 : 2 concernant les deux canaux de l'ordinateur de quantité carburant :

L'un d'eux peut-être en panne à condition que le ravitaillement carburant soit confirmé par l'usage d'une jauge manuelle ou par un remplissage de la citerne après chaque ravitaillement et que les données de l'ordinateur de gestion carburant soient disponibles.

Pearson eut un moment de doute. Il ne comprenait pas vraiment comment fonctionnait l'ordinateur de quantité carburant et, d'ailleurs, on ne le lui demandait pas. Il n'avait aucune idée de ce qu'était le canal 2 ou de ce que cela entraînerait s'il était en panne. Ce qu'il savait, c'était qu'il y avait trois jaugeurs carburant en face de lui, un pour chaque réservoir d'aile et un pour le réservoir plus petit dans le ventre de l'appareil et qu'ils restaient tous les trois désespérément muets.

Le jaugeage manuel pouvait remplacer tout cela. Que pouvait-il y avoir de plus précis qu'un fichu jaugeage manuel? Supposez que l'indicateur de niveau d'huile sur le tableau de bord de votre voiture annonce quelque chose de différent de ce qu'on lit sur la jauge. Quelle donnée croiriez-vous?

Bien que ses amis aient juste ramené cet avion d'Edmonton dans les mêmes circonstances et que le Bureau de régulation des vols ait enregistré le problème et ait tout de même autorisé le décollage, Pearson avait entre ses mains un document dont le message était sans équivoque : il était illégal de piloter l'avion dans son état actuel.

Tout en réfléchissant à cela, Pearson poursuivit sa vérification pré-vol. Il mit les trois systèmes de navigation à inertie en marche. Ces composants étaient le cœur du système de navigation à bord qui permettaient au pilote du 767 de planifier son itinéraire à travers les cieux. Dans la section arrière du cockpit, il vérifia que tous les équipements d'urgence nécessaires étaient en place.

Puis il s'installa sur le siège du commandant à l'avant gauche du cockpit et l'avança dans une position confortable. Il contempla une seconde les jaugeurs carburant muets près du centre de la partie supérieure du tableau de bord, mais relégua ce problème dans un coin de son esprit en passant à la vérification des autres systèmes. Il étudia ses cartes de navigation, ajusta son casque radio, mit le bloc pédales dans une position confortable, s'assura que son hublot était fermé et verrouillé et que son gilet de sauvetage, ses lunettes anti-fumée et son masque à oxygène étaient en place.

L'un des hommes de l'entretien quitta le groupe et s'approcha de son siège. Pearson en profita pour lui faire part de ses doutes :

— Ce n'est pas légal de décoller dans cette situation, dit-il en montrant les jaugeurs carburant du doigt. Avec tous ces indicateurs de quantité carburant hors d'usage.

— Si, commandant. C'est légal, répondit le mécanicien. L'avion vient d'être autorisé à décoller par le centre de contrôle de l'entretien.

Il y avait une panne dans le système de redondance. Dans l'ancien cockpit à trois pilotes, le mécanicien navigant avait la responsabilité de certifier la charge carburant. Dans le nouveau cockpit à deux pilotes, c'était le personnel d'entretien qui avait la responsabilité du calcul de la charge carburant, seulement les mécaniciens n'avaient pas été formés pour effectuer ces calculs. Ils pensaient qu'en l'absence d'un mécanicien navigant, l'un des deux pilotes s'en chargerait. De sorte que, comme le dit Quintal, « la responsabilité des calculs de carburant incombait à un siège vide ».

Ce jour-là, dans la confusion, le mécanicien Rod Bourbeau s'échina pendant quelques minutes à multiplier 7 682 litres par 1,77, le chiffre qui semblait si familier à Quintal. Ce chiffre lui disait quelque chose car c'était le coefficient multiplicateur qu'on utilisait pour convertir des litres en livres. On l'utilisait couramment sur tous les types d'appareils d'Air Canada — sauf sur le 767 adapté aux normes métriques. Le coefficient nécessaire pour convertir des litres en kilogrammes était 0,8, mais ni Quintal ni Bourbeau n'en étaient conscients. Chacun partait du principe que le calcul était la responsabilité de l'autre ; aucun des deux n'avait été formé pour le faire correctement.

Quintal se rendait bien compte que Bourbeau était un peu rouillé en matière de multiplications. Tout en pensant que ce n'était pas son boulot, il offrit de l'aider.

— Je vais vous donner un coup de main.

Dans un coin du cockpit, Ouellet essaya de faire ses calculs sur un bout de papier tiré de sa poche. Comme il avait commencé trop près du bord gauche, il n'eut bientôt plus assez de place pour noter ses chiffres.

Frustré, il recommença. Des trois hommes, Ouellet était le seul à se rendre compte que ce calcul, s'il arrivait à le faire, ne lui donnerait que le nombre de livres de carburant. Il devrait alors faire une autre conversion pour transformer les livres en kilogrammes et il ne connaissait pas le facteur de conversion exact.

L'un des mécaniciens finit par dire au responsable du citerne Tony Schmidt combien de litres il devait charger, mais le calcul se fondait sur le mauvais coefficient multiplicateur, le 1,77 familier qui convertissait les litres en livres. Et comme une livre fait environ un demi-kilogramme, Schmidt reçut sans le savoir l'ordre de remplir les réservoirs avec la moitié seulement de la quantité nécessaire pour atteindre Edmonton.

Aussi grave que fût l'erreur, les occasions de rectifier le tir avant que le vol 143 atteigne le point de non-retour à quelques 41 000 pieds au-dessus de Red Lake dans l'Ontario ne manquaient pas. L'une d'elles se présenta après la fin du ravitaillement quand Ouellet et Bourbeau procédèrent comme prévu au second jaugeage manuel pour confirmer ce qu'ils prenaient à présent pour la charge carburant appropriée. Ouellet revint au cockpit pour faire son rapport au commandant.

Pearson commençait à s'énerver. Ils prenaient du retard ; un employé de l'entretien lui avait dit que l'appareil avait l'autorisation de décoller avec des jaugeurs carburant muets, ce qui était en contradiction manifeste avec le MEL ; et les mécaniciens semblaient avoir un mal fou à faire une simple opération d'arithmétique.

— Montrez-moi vos chiffres, grommela-t-il. Il va falloir que vous me démontriez que vous ne vous êtes pas trompés.

Ouellet se pencha entre les deux sièges des pilotes et

montra un bout de papier noir de calculs. Selon ces chiffres, le réservoir de l'aile droite contenait à présent 6 017 litres de carburant et le gauche 6 234 litres. Sur la feuille signée de Schmidt, Pearson vit qu'on avait effectué la conversion en utilisant le coefficient de multiplication 1,77.

Pour Pearson, comme pour Quintal, 1,77 était un chiffre familier, semblable à celui que notait le responsable sous la rubrique « poids spécifique » sur la feuille de ravitaillement. Il ignorait que ce coefficient convertissait des litres en livres. A l'instar de Quintal et de Bourbeau, il partait de l'hypothèse qu'il convertissait des litres en kilogrammes, puisque c'était le chiffre utilisé par les mécaniciens qui, croyait-il, avaient la responsabilité de calculer la quantité carburant.

Le commandant tira une petite calculatrice de poche de son sac de voyage et vérifia les calculs du mécano. En multipliant la charge du réservoir droit de 6 017 litres par le poids spécifique de 1,77, il obtint un total de 10 650,09. Il pensa qu'il s'agissait de *kilogrammes*, alors qu'il s'agissait en fait de *livres*. De même, le réservoir de l'aile gauche contenait 11 050,11 livres, que le commandant prit pour des kilogrammes. En additionnant ces chiffres de tête et en les arrondissant, il conclut que l'appareil transportait 21 700 kilogrammes de carburant et il ne disposait pas de jaugeurs pour lui prouver le contraire. S'il avait connu le bon facteur de conversion en kilogrammes, il serait arrivé à un total de 9 800 kilogrammes, moins de la moitié de la charge carburant exigée par le plan de vol.

Ouellet ne réfléchissait pas en termes de kilogrammes, de livres, ou d'autre chose. Il révisait constamment des appareils se rendant de Montréal à Ottawa. Ne sachant pas que les pilotes avaient l'intention de rallier Edmonton sans faire un plein à Ottawa, il était surpris de tant de précautions. Il savait que l'appareil transportait une charge carburant amplement suffisante pour atteindre Ottawa.

Pearson vérifia le plan de vol qui exigeait 22 300 kilogrammes de carburant. Ils en manquaient. En outre, cela l'ennuyait que la charge ne soit pas convenablement équilibrée.

— Bien, vos calculs ont l'air correct, dit Pearson à Ouellet.

— Vous pouvez y aller maintenant.

— Une minute, reprit Pearson. Apparemment, il y a un déséquilibre entre les deux réservoirs. Un déséquilibre de 400 kilogrammes.

Dans des conditions normales, un avion peut décoller avec un excédent de 1 100 kilogrammes de carburant dans un des réservoirs d'aile. Pendant le vol, les pilotes peuvent facilement corriger le tir en établissant un circuit d'intercommunication entre les réservoirs d'aile et surveiller l'équilibre par le biais des jaugeurs carburant. Mais ils ne pouvaient manifestement pas le faire sur ce vol.

— Nous ne pouvons pas y aller parce que nous n'avons pas de jaugeurs individuels, dit Pearson. Donc nous ne pouvons pas équilibrer le carburant en vol. En outre, ajouta-t-il d'un ton ferme, nous sommes apparemment encore en dessous de notre minimum. Il n'est pas question de décoller dans ces conditions. Il faut que vous rappeliez le camion citerne.

Les hôtesses Annie Swift et Danielle Riendeau, qui essayaient de tuer le temps, entrèrent dans le cockpit. Swift jeta un coup d'œil par le hublot, espérant apercevoir son petit ami à bord du 727 qui se garait à la porte voisine.

Les hôtesses comprirent que l'appareil avait un problème de carburant et Riendeau lâcha:

— Ce serait drôle, non, si on se retrouvait à court? Elle gloussa puis s'arrêta net, voyant que sa plaisanterie tombait à plat. « Je ferais mieux de sortir, il y a trop de monde ici », pensa-t-elle.

Swift se rendit compte elle aussi que sa présence était importune. Elle ne connaissait pas Maurice Quintal, le copilote qui remplaçait Paul Jennings sur ce vol, mais elle avait suffisamment souvent volé avec le commandant Pearson pour savoir qu'il était d'un naturel gai. « C'est bizarre, se dit-elle. L'atmosphère est tendue ici. »

— Viens, Danielle, dit-elle à son amie. Je crois qu'on gêne.

Les hôtesses repartirent en cabine.

Ouellet surveilla le chargement de carburant supplémentaire, puis procéda à l'opération de jaugeage manuel une troisième et dernière fois. Il calcula que l'appareil contenait à présent 12 525 litres de carburant.

Bourbeau voulut vérifier.

— C'est la quantité habituelle pour ce vol? demanda-t-il à Schmidt.

— C'est beaucoup plus.

Bourbeau fut satisfait. Comme Ouellet, ni lui ni Schmidt ne savaient qu'Air Canada avait exigé une quantité de carburant suffisante pour rallier Edmonton et que l'appareil ne se réapprovisionnerait pas à Ottawa.

En revenant à son camion, Bourbeau reçut un appel radio du coordinateur du service entretien qui se trouvait dans la tour. Il voulait savoir si Bourbeau était prêt à donner l'autorisation de décoller à l'appareil 604.

— Une minute, on a presque terminé, répondit Bourbeau.

Il aperçut Ouellet qui s'éloignait du camion citerne et se dirigeait vers le cockpit.

— Vous avez bientôt terminé?

— Oh oui, fit Ouellet. Vous pouvez donner le feu

vert. Je vais juste communiquer les derniers chiffres aux pilotes.

— Nous avons presque terminé, dit Bourbeau par radio. Nous allons vous donner l'autorisation définitive dans une seconde.

Ouellet croisa des hommes qui attendaient sur leur tracteur le signal pour pousser l'appareil 604 hors de l'aire de stationnement.

— Vous en avez encore pour combien de temps ? lança l'un d'eux, impatient.

Ouellet ne répondit pas. Il faisait aussi vite qu'il le pouvait.

Pearson et Quintal avaient presque fini leurs préparatifs de pré-vol quand Ouellet leur annonça :

— Le carburant est chargé et les réservoirs sont équilibrés. Nous sommes prêts.

Pearson nota sur la page 1 de son plan de vol que l'appareil transportait 22 600 kilogrammes de carburant, 300 de plus que le minimum requis pour le trajet jusqu'à Edmonton.

Mais aucun des deux pilotes n'était vraiment satisfait, il y avait eu trop de confusion de la part des mécaniciens. Néanmoins, les chiffres avaient été vérifiés et revérifiés. On avait effectué trois fois le jaugeage manuel des réservoirs. On avait autorisé l'appareil à voler de Montréal à Edmonton avec des jaugeurs carburant muets — c'est du moins ce que croyaient Pearson et Quintal. L'un des mécaniciens leur avait dit que le contrôle du service d'entretien leur en avait donné l'autorisation. Ils avaient reçu le feu vert de l'entretien par radio, une procédure obligatoire quand un appareil décollait de Montréal et de Toronto, les deux principales bases d'Air Canada. Et la signature d'un mécanicien sur le livre de bord certifiait que l'appareil 604 était en état de voler. S'ils reculaient maintenant, ils devraient expliquer leurs hésitations à une compagnie qui perdait beaucoup d'argent quand un appareil était immobilisé au sol.

Quintal était mal à l'aise.

« J'ai pris toutes les précautions possibles, pensa Pearson. Qu'est-ce que je peux faire de plus ? »

Le chef de cabine Bob Desjardins échangea quelques mots avec l'un des mécaniciens en fermant la porte de la cabine. Pilote lui-même, Desjardins était préoccupé par les problèmes de ravitaillement qui avaient retardé le départ.

— Il vaut mieux qu'on en ait plus que moins, dit-il.

— C'est amplement suffisant. Vous pourriez aller jusqu'à Vancouver avec ça, répondit le mécanicien, faisant allusion à la ville canadienne la plus occidentale, située à quelque douze cents kilomètres d'Edmonton. Puis il reprocha à Pearson de trop se préoccuper du carburant.

Les doutes de Pearson et Quintal diminuèrent un peu à la fin des vérifications de pré-vol quand ils découvrirent que la merveilleuse technologie du 767 était venue à leur rescousse. Le cœur du tableau de bord est l'ordinateur de gestion de vol avec ses doubles consoles et indicateurs cathodiques, une série pour le commandant et l'autre pour le copilote.

Normalement, l'ordinateur de gestion de vol reçoit constamment des données de l'ordinateur de quantité carburant et conserve son propre total de consommation carburant, secondant ainsi les jauges. Mais aujourd'hui, Quintal dut programmer manuellement l'ordinateur de gestion de vol, entrant lui-même la quantité de carburant transportée suivant les indications des mécaniciens. Le copilote vérifia la signification des encadrés qui s'inscrivaient sur l'écran de l'ordinateur de

129

gestion de vol dans le manuel d'instruction du 767 : « Si des encadrés apparaissent, il y a une défaillance dans l'ordinateur de quantité carburant et on doit entrer manuellement la quantité de carburant. »

C'était un autre renseignement contradictoire. Sans se soucier de ce que disait le MEL, Boeing avait manifestement doté le 767 de la capacité de voler avec des jaugeurs carburant muets. L'ordinateur de gestion de vol n'avait aucun moyen de mesurer la charge carburant réelle dans les réservoirs, mais si on lui disait combien de carburant on avait en début de vol, il pouvait surveiller la quantité de kérosène consommée par les moteurs et donner un total ajusté. Cette redondance était rassurante. Ils disposeraient donc de jaugeurs carburant de secours en affichage sur leurs indicateurs cathodiques.

Pearson et Quintal reçurent les autorisations nécessaires par radio : du centre de contrôle aérien confirmant leur itinéraire prévu ; du service de charge certifiant que les passagers, les bagages et la cargaison étaient chargés dans les limites acceptables du centre de gravité ; du centre d'opération qui leur donna le feu vert pour décoller. Ils reçurent un bulletin météo de dernière minute de la tour. La température était de 27 degrés Celsius ou 80 degrés Fahrenheit. Les vents étaient faibles. Et la visibilité était aussi claire qu'une putain de cloche, selon les termes de Pearson.

Comme beaucoup de commandants, Pearson aimait partager les émotions du vol avec son copilote et se livrer avec lui à une gentille compétition — augmentée parfois d'un pari — pour voir lequel des deux exécuterait l'atterrissage le plus doux. C'est en tirant à pile ou face qu'ils décidèrent que Pearson piloterait jusqu'à Ottawa et que Quintal prendrait le relais jusqu'à Edmonton.

A 17 h 58, le commandant Pearson desserra les freins

de l'appareil 604 qu'un tracteur poussa vers la piste. L'ordinateur de bord de l'appareil signala automatiquement ce fait et son heure exacte au personnel d'Air Canada de l'aéroport. Grâce à un système de transmission de données qui passait par Chicago, l'information fut aussi transmise au centre de régulation des vols de Toronto. C'étaient encore des tâches qui relevaient jadis de la responsabilité du mécanicien navigant.

Pearson mit les moteurs en route. Puis Quintal et lui consultèrent la liste de vérification « après démarrage » pour s'assurer que les moteurs tournaient normalement. Tandis que Pearson rejoignait la piste 28, les deux pilotes terminèrent la liste de vérification « pré-décollage » et reçurent une autorisation immédiate de la tour.

Le vol 143 fut autorisé à décoller à 17 h 54. Pearson mit les pleins gaz, entendit à l'arrière le rugissement de la poussée maxi, sentit la puissante machine prendre de la vitesse et bondir en avant, comme s'il avait une vie propre et reconnaissait son environnement naturel. Quittant la piste 28, l'appareil fut aspiré dans l'azur par de puissantes forces invisibles.

Fonçant vers le ciel à une vitesse de décollage de 222 km/h qui passa à 555 km/h en l'espace de quelques minutes, montant de 6 000 pieds par minute à un angle de 25 degrés, Pearson oublia les tribulations de cette dernière heure.

Alors que le vol 143 voguait paisiblement en cette fin d'après-midi vers Ottawa — un vol court de dix-neuf minutes —, un voyant orange s'illumina soudain dans le cockpit. Un nouveau problème sans aucun lien avec les ennuis de ravitaillement se présentait aux pilotes. C'était le témoin lumineux du clapet du moteur qui indiquait une défaillance dans le système alimentant les circuits pneumatiques. Une panne du système risquait de provoquer une coupure de la pression et de la température de la cabine et de réduire l'efficacité du dégivrage de l'avion. Comme un seul moteur était touché, ce n'était probablement pas grave, mais les pilotes se demandèrent s'ils devaient activer le groupe d'énergie auxiliaire pour avoir un contrôle pneumatique de secours.

Pearson continua à piloter l'appareil — le pilotage automatique semblait inutile sur un trajet aussi court — pendant que Quintal vérifiait le manuel de référence rapide. Tant que le voyant s'allumait pour un seul moteur, ils ne devaient pas activer le groupe d'énergie auxiliaire.

Au bout de quelques minutes, le voyant s'éteignit, mais les pilotes n'en oublièrent pas le problème pour autant. Quintal nota l'incident sur le livre de bord, puis s'empara du micro pour alerter le personnel d'entretien d'Ottawa. Ce serait vérifié avant que l'appareil ne reparte pour Edmonton.

Pearson réfléchissait au problème du carburant. La défaillance de l'ordinateur de quantité carburant l'intriguait et faisait appel à sa sagacité qui est une facette nécessaire de la personnalité d'un pilote de ligne. Il savait que le vol jusqu'à Ottawa ne brûlerait qu'un minimum de carburant et il calcula de tête qu'il resterait environ 20 000 kilogrammes dans les réservoirs une fois qu'ils auraient atterri à Ottawa — bien plus qu'il n'était nécessaire pour rallier Edmonton en toute sécurité. Toutefois, l'ordinateur de gestion de vol était alimenté par une électricité générée pendant le vol par les moteurs. Lorsqu'ils couperaient les gaz à Ottawa, l'ordinateur de gestion de vol deviendrait muet. Avant de quitter Ottawa, il leur faudrait le reprogrammer et Pearson se dit qu'il serait plus prudent de connaître leur charge exacte de carburant avant de quitter Ottawa, ce qui leur permettrait d'entrer des données correctes dans l'ordinateur plutôt que de se fier à une « estimation au pifomètre ». Par conséquent, quand Quintal appela le service entretien d'Ottawa pour lui signaler le voyant lumineux du clapet, Pearson lui dit:

— Il va falloir reprogrammer l'ordinateur à Ottawa. Préviens l'entretien que nous voulons un jaugeage manuel complet avant de redécoller.

A Ottawa, après avoir terminé la courte procédure de coupures des moteurs, Pearson voulut aller se dégourdir les jambes mais la foule qui envahit le cockpit l'en empêcha. Rick Dion, mécanicien d'Air Canada en vacances avec sa famille, vint les saluer. Il bavarda quelques instants avec Pearson, puis le mécanicien d'Air Canada Robert Eklund entra dans la cabine de pilotage pour demander s'il y avait des pépins. Pearson se rassit.

En ce qui concernait Pearson, le problème de la charge carburant avait été réglé à Montréal. Le jaugeage supplémentaire à Ottawa était seulement destiné à fournir un chiffre à jour à programmer dans l'ordinateur de gestion de vol, ainsi que l'exigeait le manuel d'exploitation du Boeing 767. Le problème du clapet le préoccupait davantage et c'est ce qui allait retenir son attention pendant les quarante-trois minutes d'escale.

Pearson expliqua en détail à Eklund ce qui s'était produit avec le voyant lumineux du clapet. Les deux hommes discutèrent de la situation pendant quelques minutes en incluant Quintal et Dion dans la conversation.

Pendant ce temps-là, un autre mécanicien, Rick Simpson, entra dans le cockpit pour rapporter les résultats de son jaugeage manuel. Voyant que tout le monde était occupé, il décida de lui-même de convertir tout seul ses données en centimètres en volume.

— Il y a une fiche carburant à bord?

— Vous voulez dire des tables de conversion? répondit Quintal.

— Oui, c'est ça.

Comme Dion se tenait près de la bibliothèque de bord, c'est lui qui passa le manuel de jaugeage à Simpson. Pendant que les autres poursuivaient leur discussion sur le problème du clapet, Simpson trouva les tables qu'il cherchait et convertit les centimètres en litres.

Les pilotes et les mécaniciens conclurent que le voyant signalant la défaillance du clapet était un problème intermittent. Il s'était allumé pendant le vol court entre Montréal et Ottawa mais s'était éteint tout seul. Eklund suggéra qu'ils préparent l'avion au décollage et surveillent le voyant à la mise en route des moteurs. Si le voyant s'allumait, ils aviseraient. Eklund resterait sur l'aire de stationnement près de l'avion d'où il pourrait voir le cockpit. Si Pearson lui faisait signe que tout allait bien, il saurait que le voyant ne s'était pas allumé.

Simpson interrompit leur conversation en s'adressant à Pearson :

— Selon les chiffres, vous avez 5 681 litres à gauche et 5 749 à droite.

Ce n'était pas ce que voulait Pearson.

— Vous avez 11 430 litres au total, insista Simpson.

— Ces chiffres ne peuvent pas être exacts, dit Pearson. Alors comme ça, on n'aurait pas assez de carburant à bord, eh?

Simpson vérifia ses calculs et les montra à Pearson, mais celui-ci voulait des kilogrammes pas des litres. Il se retourna et se pencha au-dessus de son siège pour demander au responsable du ravitaillement qui se tenait à la porte du cockpit :

— Quel est le poids spécifique?

— 1,77, répondit l'homme.

Dion fut légèrement surpris par sa réponse. Il n'avait pas eu l'occasion d'utiliser un facteur de conversion de carburant que l'on appelait à tort le « poids spécifique » depuis son service dans l'armée de l'air canadienne au début des années 60. A l'époque, le chiffre était approximativement de 0,78 d'après ses souvenirs. Il se dit que ce nouveau chiffre avait peut-être été créé par l'adoption du système métrique et ce n'était pas à lui qui n'était qu'un passager sur ce vol de soulever la question.

Pearson prit sa règle à calcul ronde et multiplia 11 430 litres par 1,77.

— Cela nous fait 20 000 — un peu plus de 20 000, conclut-il.

Pearson, Quintal et Simpson pensaient parler de kilogrammes, alors qu'ils s'exprimaient en livres. Dion pensa qu'ils parlaient de livres parce qu'il n'était pas qualifié pour travailler sur le 767 et ignorait que le système carburant était calibré en mètres. Eklund n'y songea même pas, car c'était le clapet qui le préoccupait. Pearson demanda à Quintal :

— De quoi avons-nous besoin ?

Quintal vérifia le plan de vol et annonça qu'il avaient besoin d'un minimum de 19 600 pour rallier Edmonton sans problème.

— Bon, nous sommes en excédent, dit Pearson à Simpson. Nous n'avons pas besoin de carburant.

Selon ces chiffres erronés, le vol 143 transportait à présent 20 400 kilogrammes de carburant et Pearson programma l'ordinateur de gestion de vol en conséquence. Quintal inscrivit le chiffre sur la page 2 du plan de vol. Toutes les données disponibles indiquaient qu'ils transportaient 800 kilogrammes de carburant de plus que le minimum requis.

Avant de sortir du cockpit, Simpson lut dans le livre de bord que le disjoncteur du canal 2 de l'ordinateur de quantité carburant avait été tiré et verrouillé. Il leva les yeux et repéra immédiatement le disjoncteur couvert d'un adhésif jaune de l'entretien marqué HS. Il n'était cependant pas tiré comme l'indiquait le livre de bord et cela donna une idée à Simpson. Parfois, il suffisait de recycler le disjoncteur pour réparer une défaillance intermittente. Il leva la main, désengagea le disjoncteur et le remit rapidement en place. Puis il poussa le bouton d'essai du carburant, espérant que les affichages numériques des jaugeurs carburant annonceraient une série de « 8 » indiquant qu'ils refonctionnaient. Mais rien ne se passa, si bien que Simpson — ne sachant pas qu'à Edmonton, Conrad Yaremko avait ranimé les jaugeurs carburant en tirant le disjoncteur ou que Jean Ouellet les avait rendus muets en remettant le disjoncteur en place — laissa le disjoncteur comme il l'avait trouvé, sur la position marche.

A 18 h 58, un tracteur poussa le vol 143, qui n'avait plus que huit minutes de retard sur l'horaire, hors de l'aire de stationnement. Ravi à l'idée de piloter jusqu'à Edmonton, Quintal mit les moteurs en marche tout en surveillant le voyant du clapet. Lequel ne s'alluma pas.

De l'aire de stationnement, Eklund vit Pearson lui faire signe que tout allait bien. Le voyant du clapet n'avait pas bronché. Le vol 143 était prêt à partir. Avant que Dion n'aille rejoindre sa famille en cabine, Pearson l'invita à revenir après le dîner.

Normalement, un 767 ne décolle pas à plein régime parce que ce n'est pas nécessaire. Ce jour-là cependant, Quintal décida de s'offrir un décollage pleins gaz. A 19 h 05, il lança les moteurs à fond et l'appareil gagna de la vitesse de façon exponentielle. Il fonça vers l'ouest, dans la direction d'Edmonton, et bondit vers le ciel. Il s'éleva à une vitesse impressionnante de plus d'un kilomètre et demi à la minute. Les pilotes ne remarquèrent rien d'inhabituel. Avec seulement soixante-deux passagers à bord, Pearson et Quintal s'attendaient à ce que l'appareil leur paraisse léger et cette sensation était accentuée par le décollage à plein régime. Il n'y avait donc aucune raison de penser que le vol 143 était peut-être plus léger que prévu — parce qu'il lui manquait quelque 10 000 kilogrammes de kérosène de type A-1.

Le plan de vol prévoyait une altitude de 39 000 pieds. Du fait de la légèreté de la charge, Pearson savait qu'ils pouvaient monter à 41 000 pieds et économiser ainsi du carburant. Comme ils sortaient du circuit d'aérodrome entourant l'aéroport d'Ottawa, Pearson appela le contrôle des départs pour demander l'autorisation de voler à une plus haute altitude, ce qui lui fut rapidement accordé. Pearson demanda aussi la permission de prendre une ligne de vol directe vers Edmonton plutôt que de suivre les trajectoires un peu détournées des routes aériennes commerciales. Comme le 767 pouvait voler au-dessus des autres avions de ligne, cette autorisation lui fut aussi accordée.

Par mesure de sécurité, le plan de vol de ce trajet plus long comprenait de nombreux contrôles à Timmins, Armstrong et Red Lake — tous dans l'Ontario — et à Saskatoon dans le Saskatchewan. Quand Quintal passerait au-dessus de ces contrôles, Pearson vérifierait la charge carburant calculée par l'ordinateur de gestion de vol et la comparerait à la charge carburant minimale inscrite sur le plan de vol.

Ils passèrent très au-dessus du premier contrôle, Timmins, à 23 h 54 GMT ou 18 h 54 heure locale. Sur le plan de vol, Pearson nota que le vol 143 volait à une vitesse de 870 km/h à 41 000 pieds, avec un vent de face qui réduisait la vitesse absolue à 733 km/h. Les indicateurs cathodiques de l'ordinateur de gestion de vol indiquaient qu'il restait 16 000 kilogrammes de carburant à bord. Pearson nota ce chiffre sur le plan de vol, à côté du calcul qui annonçait le minimum carburant de 13 000 kilogrammes au-dessus de Timmins. Ils avaient de la marge.

Plus tard, alors que le vol 143 passait au-dessus

d'Armstrong dans l'Ontario, le deuxième contrôle, avec sept minutes d'avance, Pearson nota sur le plan de vol une vitesse de 869 km/h et une vitesse absolue de 759 km/h. Puis il vérifia les chiffres du carburant, tranquillement inconscient du drame qui les attendait ou de la tragédie des erreurs qui le provoquerait.

Rétrospectivement, les « si » ne manqueraient pas.

Si le minuscule joint de l'ordinateur de quantité carburant avait été soudé correctement... Si un ordinateur de quantité carburant de secours avait été disponible... Si, la veille à Edmonton, le mécanicien Conrad Yaremko avait inscrit une entrée moins ambiguë sur le livre de bord... Si, à Montréal, le mécanicien Jean Ouellet n'avait pas activé le disjoncteur du canal 2 de l'ordinateur de quantité carburant... Si un pilote ou un mécanicien avait eu la responsabilité de calculer la charge de carburant et avait été formé pour ça... Si l'un des hommes impliqués dans le processus de ravitaillement s'était rendu compte qu'ils avaient converti des litres en livres et non pas en kilogrammes... Si, à Ottawa, le mécanicien Rick Simpson avait laissé le disjoncteur du canal 2 en position arrêt...

Alors, en passant au-dessus du contrôle Armstrong, Pearson aurait lu un message différent dans ses nombres.

Mais au-dessus d'Armstrong, où le plan de vol prévoyait une charge carburant minimale de 10 200 kilogrammes, l'ordinateur de gestion de vol annonçait le chiffre confortable de 13 400 kilogrammes.

« On a du carburant à revendre », pensa Pearson.

14

Le vol 155

— Comment une chose pareille a-t-elle pu se produire?

La question du copilote Gilles Sergerie resta sans réponse.

Dans le cockpit du vol 155, qui était à trente minutes derrière le vol 143, l'atmosphère devint rapidement irrespirable, Sergerie écrasa sa cigarette pour en allumer une autre immédiatement. Pourtant, en temps normal, il fumait peu.

Il faudrait attendre des années avant qu'on trouve une réponse à sa question, avant que les enquêteurs démêlent l'écheveau des circonstances. Sergerie finit par poser une autre question, encore plus importante que la première.

— Qu'est-ce que nous pouvons faire? Comment les aider? demanda-t-il au commandant.

Il n'obtint pas de réponse.

15

La cabine

Le chef de cabine Bob Desjardins venait à peine de conclure son briefing à ses collègues en leur disant de ne pas s'en faire quand la voix du commandant Pearson retentit dans l'interphone :

— Que le chef de cabine vienne immédiatement dans le poste de pilotage !

Les six membres du personnel de bord se raidirent et échangèrent des regards affolés. Le contenu du message et le ton du commandant les inquiétaient.

Swift comprit qu'ils étaient en difficulté et que c'était grave. Elle se souvint de la tension qui régnait à bord du cockpit avant le décollage et des problèmes d'alimentation en carburant. « Nous manquons de carburant, se dit-elle. Cela ne peut pas être autre chose. »

— Je reviens tout de suite, lâcha Desjardins. Prenez vos cartes de procédures d'urgence et revoyez-les.

Il gagna rapidement le poste de pilotage en empruntant le couloir gauche. « Que se passe-t-il ? se demandait-il. Il vient juste de me dire que nous déroutions sur Winnipeg, que nous contrôlons la situation. Pourquoi veut-il me revoir ? Que se passe-t-il ? »

On avait informé les passagers qu'on déroutait l'appareil sur Winnipeg. Cette annonce avait été faite sur un ton neutre, habituel. Mais la convocation de Pearson n'augurait rien de bon.

Les mots résonnaient encore aux oreilles de Pat Mohr quand elle vit le jeune homme brun en uniforme passer en courant près d'elle.

— Je parie que quelqu'un a vomi, dit Heather en levant le nez de son magazine de bandes dessinées.

— Oui, peut-être que quelqu'un est malade... dit Pat.

Mais son instinct lui criait que ce n'était pas le cas. Elle se rendit compte qu'elle était terrifiée et elle lutta pour masquer son inquiétude. « Si je reste calme, Heather le restera aussi. Mais si je panique... »

A droite, deux allées plus loin, Ken Mohr se posait aussi des questions. Que se passe-t-il? Un problème de carburant? Un problème d'alimentation? Sur un appareil de ce genre, il doit bien avoir deux, voire trois, systèmes de secours. Mais aucun raisonnement logique ne parvenait à chasser de son esprit l'image du chef de cabine partant au pas de course vers le poste de pilotage. Bon dieu! mais qu'est-ce qui se passe?

Les regards surpris et inquiets de Pat et Ken Mohr se croisèrent.

La première annonce avait surpris Pauline Elaschuk sans l'inquiéter. Il y avait des problèmes avec les « systèmes de contrôle du débit carburant » ou quelque chose de ce genre et ils étaient déroutés sur Winnipeg. « Si les pilotes ont des ennuis avec leur avion, qu'ils s'en occupent. Moi, j'ai suffisamment à faire avec ma petite famille. »

Son bébé Matthew dormait paisiblement à ses côtés. Elle l'avait nourri après le dîner et avait tenté de calmer une crise de coliques. Maintenant il était calme, allongé sur le ventre sur le siège près de la fenêtre. Pauline avait posé une main rassurante sur le dos de l'enfant. Assis juste derrière elle, Richard Elaschuk se sentait gagné par la peur en se rappelant ses deux expériences récentes d'atterrissage en catastrophe. Stephen, son fils de deux ans, assis à côté de lui, tenta de se lever pour regarder par le hublot.

Richard sentit l'appareil virer vers le sud, prendre la direction de Winnipeg et comprit qu'ils venaient d'amorcer une descente rapide. Le manque d'informations détaillées le gênait, car il savait que les pilotes n'expliqueraient jamais l'étendue du problème aux passagers. Le 767 était tellement silencieux en temps normal que peu de passagers s'étaient rendu compte que les moteurs ne fonctionnaient plus. En l'absence de renseignements fiables, les passagers ne pouvaient que se livrer à des conjectures.

Il se tourna vers sa droite et ses yeux croisèrent ceux de Bryce Bell installé au milieu. Bell haussa ses larges épaules et esquissa un sourire, mais sa pâleur n'avait rien de rassurant.

« Ai-je l'air effrayé ? se dit Richard. Quelle expression Pauline lira-t-elle sur mon visage si elle se retourne ? Si je fais la même tête que lui... Oh ! mon Dieu ! »

Le message que le commandant Pearson donna à Bob Desjardins fut bref et précis.

— Nous avons un problème. Donnez des instructions pour un atterrissage d'urgence aux passagers. Nous pensons que nous n'avons plus de carburant. Je ne sais pas si nous atteindrons Winnipeg. Donnez les instructions en cas d'atterrissage forcé aux passagers et à l'équipage et revenez me voir quand vous aurez fini.

Desjardins essaya de digérer cet incroyable message. Plus de carburant ? Le chef de cabine chassa de son esprit les questions sans réponse. Il n'avait pas le temps d'y songer. Il avait du travail à faire, des passagers à protéger.

Il repartit vers l'arrière de l'appareil sous les regards interrogateurs des passagers. Certains parurent sur le point de lui parler, puis se ravisèrent. La peur. Une peur palpable régnait dans la cabine.

De retour dans l'office, Desjardins dit d'un ton sec:

— Prenez vos cartes roses. Nous allons faire une démonstration.

Annie Swift sentit une poussée d'adrénaline monter en elle. Ses mains se mirent à trembler violemment. Elle essaya sans succès de décrocher sa fiche rose près de la porte de secours de l'arrière gauche. L'une des hôtesses comprit, saisit la carte et la tira d'un coup sec.

Pendant que les hôtesses gagnaient leurs postes respectifs, Susan Jewett pensa à son bébé, puis elle s'obligea à revenir au présent. Elle regarda fixement les instructions inscrites sur la carte rose. « Prendre la carte, lire la carte, arrimer ce truc, m'en débarrasser... où ? N'importe où ? Des oreillers, je dois distribuer des oreillers... Il faut qu'un passager valide m'aide pour la sortie de secours. »

L'équipe des agents de bord était en place, Desjardins et Claire Morency à l'avant dans la cabine des premières classes ; Danielle Riendeau et Nicole Villeneuve à l'avant de la cabine centrale ; Annie Swift et Susan Jewett à l'avant de la dernière cabine qui abritait la plupart des passagers. Jewett se rappela qu'il fallait regarder les passagers dans les yeux, comme on le lui avait appris.

Desjardins prit le micro, commença à parler et s'interrompit en entendant sa voix trembler. Il respira profondément et recommença. Pendant qu'il parlait, les hôtesses montraient ce qu'il fallait faire:

— J'aimerais que vous écoutiez attentivement les instructions suivantes. Retirez vos chaussures, vos lunettes, vos dentiers et sortez de vos poches tout ce qu'elles peuvent contenir de pointu. Assurez-vous que votre ceinture de sécurité est bien attachée au niveau de votre bassin. Croisez les bras et posez-les sur le haut du siège qui est devant vous. Posez votre tête sur vos bras.

Desjardins continua à répéter ses instructions. Les hôtesses passèrent dans les rangs pour vérifier la position des passagers. Le moment venu, Desjardins leur ferait signe de prendre cette position.

Swift et Jewett se débarrassèrent de leurs chaussures. Leurs regards angoissés se croisèrent. Swift ne se résolvait pas à accepter cet état de fait, mais en passant entre les rangs pour aider et rassurer les passagers, elle se rendit compte que les innombrables répétitions dans le simulateur de vol portaient leurs fruits. Elle faisait son travail, machinalement.

Les passagers maîtrisaient leur inquiétude, submergés par un sentiment d'impuissance. Quelques minutes à peine auparavant, ils se détendaient après un bon dîner, ils regardaient un film, sirotaient un verre, lisaient, bavardaient, riaient, se tracassaient pour des banalités, faisaient des plans pour les jours suivants, revivaient leurs vacances, les savouraient à l'avance, songeaient à leurs proches, rêvaient de l'avenir, de la soirée, du lendemain, de la semaine suivante, du mois suivant, des années futures. Maintenant leur vie était en danger et personne ne voulait leur expliquer pourquoi. Certains s'angoissaient de leur impuissance. Certains pleuraient doucement. D'autres posaient les questions sans réponse :

— Est-ce qu'on va s'en sortir ?

— Que va-t-il se passer ?

Des phrases incohérentes bourdonnaient aux oreilles de Pat Mohr : « Se préparer à un atterrissage d'urgence... enlevez chaussures... lunettes... objets pointus... dentiers... » « C'est idiot, pensa-t-elle. Si je portais un dentier, je refuserais de l'enlever. Si je dois mourir, je veux mourir avec mes dents. »

145

— Que se passe-t-il, maman? demanda Heather, manifestement apeurée.

— Je ne sais pas, chérie. Il n'y a rien à faire... fais ce qu'ils te disent et donne-moi la main, dit Pat en essayant de parler d'une voix calme. Et prie.

Heather prit la main de sa mère, les joues inondées de larmes silencieuses.

« C'est grave, pensait Pat. Ce n'est pas un jeu. » Une autre partie de son cerveau répliqua : « Ils vont venir nous dire que ce n'est pas vrai. Ce ne sera pas aussi grave qu'ils le disent. C'est comme quand la météo prévoit des pluies torrentielles et qu'il fait soleil. »

— Prie, répéta-t-elle à Heather.

Avant ce voyage, Pat se serait qualifiée de catholique apathique. En regardant autour d'elle, elle se rendit compte qu'il n'y avait pas d'athées à bord du vol 143.

La ceinture de sécurité de Mike Lord se tendit quand l'avion piqua à nouveau. Les rumeurs se répandaient dans l'appareil. Lord pensa qu'il avait entendu parler de carburant. Les passagers se regardaient nerveusement. Il régnait un silence de mort dans l'appareil.

Il regarda les agents de bord montrer la position en cas d'atterrissage d'urgence. Lord fit ce qu'on lui disait. Il envoya balader ses chaussures sous le siège, rangea un stylo mais mit impulsivement ses cigarettes et son briquet dans la poche de sa chemise. S'accrochant à son verre de bière, il replia sa tablette. Il rangea son magazine, resserra sa ceinture et jeta un coup d'œil dehors. Il avait l'impression qu'ils descendaient par paliers, l'avion piquait et se redressait. Il sentait bien qu'ils perdaient rapidement de l'altitude, plus vite qu'en temps normal, deux fois plus vite même — plus vite en tout cas.

« Winnipeg? Ils ont dit Winnipeg? Pourquoi? » se demanda Lord. Il essayait d'assimiler toutes ces étranges données quand l'hôtesse Susan Jewett lui arracha son verre des mains.

Nigel Field perdit un peu de son flegme en sentant la peur l'envahir. Ça y est, c'est arrivé. Il se surprit à marmonner une expression qu'il avait souvent entendue dans la bouche de ses enfants. « Quelle barbe, répétait-il doucement. Quelle barbe ! »

Il sentait que l'avion descendait rapidement et son expérience lui confirmait que ce n'était pas une approche d'atterrissage normale. Ils tombaient. Mais où ?

Assis seul à droite de l'appareil, devant l'aile, Field prit une résolution. Il resterait aussi détaché que possible et s'obligerait à rester le spectateur de ce qui se préparait, même s'il s'agissait de sa propre mort. Il regretta d'avoir bu un verre de vin avec son dîner, car sa lucidité risquait d'en souffrir.

Les agents de bord avaient beau afficher sang-froid et professionnalisme, Bryce Bell sentit la terreur poindre derrière leur sourire mécanique. Il prit son portefeuille dans la serviette posée sous son siège et le fourra dans sa poche-revolver droite. S'ils devaient s'écraser, si cela devait être une horrible répétition de l'enfer de Cincinnati, il voulait que l'on identifie son corps.

« Pourquoi mon Dieu ? Pourquoi aujourd'hui ? Pourquoi moi ? Ce n'est pas vrai. »

En jetant un coup d'œil vers l'extérieur, il ne vit que des nuages. Il savait qu'il restait encore du temps — il n'aurait pas su dire combien de minutes — avant le dénouement de ce drame. Il fit une chose incongrue qui allait contre toutes les instructions données par les agents de bord. Il décrocha sa ceinture et se leva. Catastrophe ou pas, était-ce le vin, le whisky ou la peur, mais il fallait qu'il fasse un dernier voyage aux toilettes. Les agents de bord étaient occupés à ranger l'office. Ils étaient livides.

147

En retournant à son siège, Bell remarqua soudain ses pieds. Il portait encore ses bottes. Elles étaient toujours difficiles à retirer, mais là il eut encore plus de mal que d'habitude à s'en débarrasser, coincé comme il l'était dans son siège. Il parvint enfin à les retirer malgré le tremblement de ses mains. Puis il s'exerça à prendre la position d'atterrissage d'urgence. Se penchant en avant, il se cala contre le dos du siège vide devant lui, puis jura silencieusement quand celui-ci s'effondrera sous son poids. Il ignorait que les sièges d'avion sont conçus pour s'effondrer de cette manière afin de donner plus d'espace en cas de nécessité.

Bell s'assit sur le siège voisin et essaya à nouveau. Le siège s'effondrera aussi. Grommelant des injures à l'adresse d'Air Canada, Bell changea une troisième fois de place et trouva enfin un siège capable de supporter son poids.

Non loin de lui se trouvait une femme voyageant avec ses deux filles. Il lui lança quelques mots qui se voulaient rassurants. « Menteur », se dit-il.

Annie Swift puisa dans quelque coin oublié de son esprit une force qui lui permit de fonctionner malgré la peur qui la tenaillait. Combien de temps le commandant Pearson allait-il encore pouvoir maîtriser son appareil? Allaient-ils connaître l'agonie de la décompression brutale? S'écraser? Exploser? Flamber? Se désintégrer? Sachant que l'on avait besoin d'elle, elle se remit au travail avec ces visions en tête. Tout ce qui était susceptible de se transformer en dangereux projectile en cas de choc violent devait être rangé. Méticuleuse de nature, l'une des hôtesses rangeait de l'équipement dans l'office, remettant chaque chose à sa place.

— Arrête, dit Swift. Il faut tout jeter.

Elle prit tout ce qui lui tombait sous la main — cafetières, théières, verres, flacons d'alcool miniatures — et fourra le tout dans la poubelle. « Oh! mon Dieu! que va-t-il se passer? Est-ce que nous allons vraiment mourir? » Elle entendit un ding! caractéristique et se rendit compte que l'on venait de brancher l'éclairage de secours. Elle en savait suffisamment sur les procédures habituelles pour en tirer une conclusion terrifiante: on venait d'activer la batterie de secours parce que les moteurs n'alimentaient plus les générateurs — parce qu'ils venaient de perdre les deux moteurs!

Elle ne dit rien. Elle ne voulait pas alarmer les autres et elle craignait de ne plus pouvoir se maîtriser si elle exprimait verbalement ses terreurs.

Danielle Riendeau sentit l'engourdissement la gagner et comprit qu'elle était en état de choc physique. Elle se déplaçait dans la cabine pour montrer les techniques d'urgence, et les voix des passagers lui paraissaient assourdies, étrangement lointaines. Elle haletait. Elle avait froid.

Sa préoccupation la plus immédiate était la vieille dame française qui lui avait demandé de lui tenir la main pendant le décollage. Chaque fois que Riendeau passait près d'elle, la femme bafouillait, au bord de l'hystérie: « Est-ce que je m'y prends bien? Que va-t-il se passer? Est-ce que nous allons nous en tirer? »

Riendeau tenta de la rassurer, mais c'était difficile car sa propre peur ne cessait de s'accroître. Repérant une autre femme qui voyageait seule et semblait plus calme, elle fit asseoir sa voyageuse terrifiée auprès d'elle.

— Pouvez-vous vous en occuper?

— Certainement.

Riendeau s'éloigna, surprise par le calme de sa propre voix. Elle était tout sauf calme intérieurement. « Nous sommes morts », pensait-elle.

Elle regagna son strapontin sur le côté gauche sur l'aile, se souvenant tout à coup qu'elle n'avait pas retiré ses chaussures. Elle les retira et les fourra sous un siège. Puis elle s'assit, s'harnacha et attendit la fin.

La terreur de Shauna Ohe augmentait de manière exponentielle. Elle commençait à souffrir de claustrophobie.

Annie Swift s'arrêta près d'elle pour revoir sa position en cas d'atterrissage d'urgence. Brusquement, Ohe lui demanda :

— Vous n'avez pas peur ?

Le regard brun expressif de Swift s'écarquilla :

— Et comment !

Pour Pearl Dion, la première partie du vol avait été terrifiante — comme d'habitude — mais là, cela dépassait les bornes.

Elle avait beau avoir fait partie de l'armée de l'air canadienne, être secrétaire chez Spar Aerospace à Montréal, être l'épouse d'un mécanicien d'Air Canada depuis plus de vingt ans, et prendre fréquemment l'avion, elle n'arrivait pas à s'y faire. Tous les cauchemars qu'elle avait pu faire se matérialisaient. Elle attendait avec impatience que son mari se décide à revenir du cockpit.

Elle vit le regard confiant de son fils de trois ans qu'elle tenait dans ses bras s'écarquiller et devenir brillant. Il attendait d'elle un réconfort qu'elle ne pouvait lui donner. « Pauvre petit bonhomme. Qu'est-ce que nous t'infligeons ? »

Joanne Howitt qui avait son fils de trois ans sur les genoux avait des visions d'avions en train d'exploser, de cabines en feu remplies de passagers paniqués, de carcasses d'avion carbonisées. Elle n'arrivait pas à oublier Cincinnati.

— Tout ira bien, lui dit Bob, son mari. Ne t'en fais pas. En disant cela, il pensa : « Tu mens comme un arracheur de dents ! »

Le cœur de Joanne battait la chamade. Elle était glacée. Elle avait les mains moites et tremblantes. Elle avait l'impression d'étouffer dans cette cabine pourtant spacieuse.

En jetant un coup d'œil à sa gauche, elle remarqua qu'un homme la regardait. C'était un Asiatique qui avait un livre épais ouvert sur ses genoux. Une Bible peut-être, elle le surnomma silencieusement « le pasteur ». Leurs regards se croisèrent et elle sentit qu'il tentait de la rassurer. Puis il retourna à son livre saint.

Joanne sentit les larmes lui monter aux yeux. Elle regarda Brodie assis sur ses genoux et comprit que son petit garçon, perdu et désorienté, calquait son attitude sur la sienne.

« Tu dois rester calme, et Brodie le sera. » Elle déglutit, respira profondément et ravala ses larmes.

— Pearl, on tombe. C'est plus qu'un atterrissage forcé. Nous allons nous écraser, dit Lillian Fournier à sa sœur.

Pearl n'arrivait pas à détacher son regard du hublot. Tout n'était plus qu'une masse confuse à l'extérieur.

— Pearl, dans cinq minutes, nous serons mortes !

En exprimant cette réalité, Lillian se sentit paradoxalement plus sereine. Elle se demanda si elle n'était pas en état de choc. Maintenant qu'elle avait dit à voix haute qu'elles allaient mourir, elle n'arrivait pas à y croire. Elle vit la contradiction et cela la fit réfléchir.

— Dieu veillera sur nous, murmura Pearl.

Lillian regarda sa sœur, toujours obstinément tournée vers la fenêtre. Elle comprit qu'elle priait.

Pearl murmura :

— Dieu, ramenez-nous à terre, s'il vous plaît. Prenez soin de nous. Faites que personne ne soit blessé. Aidez ce pilote. Aidez-le à nous ramener sans encombre sur terre. Mon Dieu ! Assistez ce pilote. Protégez-nous.

16

Le centre de contrôle de Winnipeg

— 143, nous avons perdu votre transpondeur, répondez, répéta, excédé, Ronald Hewett tout en fixant l'écran radar vide.

Il se passa plusieurs secondes interminables avant que la voix de Pearson ne se fasse entendre dans le haut-parleur :

— Euh, 143, c'est une situation mayday. Et euh, nous demandons qu'on nous guide vers la piste disponible la plus proche, nous sommes en dessous de 22 000 pieds sur le... avec les deux moteurs, ah!, en panne, à cause de — manque de carburant apparemment — et nous sommes sur les instruments de secours et nous ne pouvons vous donner que des informations succinctes sur notre cap. Notre cap est à 230 à présent. Guidez-nous vers la piste la plus proche, s'il vous plaît.

C'était un message doux-amer. La bonne nouvelle, c'était que le vol 143 existait encore et restait en contact radio. La mauvaise, c'est qu'il avait perdu ses deux moteurs.

Hewett tenta de ne pas penser au pire :

— Nous avons perdu votre retour transpondeur. Essayons de choisir votre objectif.

Hewett passa sur sa source de Winnipeg, la seule de ses huit sources radar qui disposât encore d'un radar primaire, un équipement indépendant du transpondeur d'un avion. Il fixa intensément son écran. Le premier balayage fit apparaître un écho dans la zone où devait se trouver le vol 143. Au bout de deux balayages supplémentaires, il sut qu'il avait rétabli le contact. Pendant quarante-huit interminables secondes, le vol 143 avait disparu de l'écran.

— On vous tient, dit Hewett. Conservez le cap 230. Il avait enfin un peu de temps pour réfléchir aux informations communiquées par Pearson. Sans les moteurs, la plupart des instruments ne fonctionnaient plus. Cela comprenait le transpondeur et c'est pour cela qu'il avait perdu le signal. Il comprit que le vol 143 venait de bénéficier de son premier coup de chance. 80 % de tous les centres de contrôle aériens du monde n'utilisaient plus de radars primaires, même en dépannage. Aucun de ces centres ne recevrait le vol 143.

Le mauvais côté, c'était qu'avec un radar primaire seul, Hewett ne disposait que du minimum d'informations.

Le vol 143 avait des difficultés de navigation, ce qui voulait dire que Hewett, puis le contrôleur à l'arrivée Len Daczko, auraient à guider Pearson et Quintal par radio jusqu'à Winnipeg.

17

Le cockpit

Pearson se mit à réfléchir tout haut. « Bon, quelle est la meilleure vitesse pour descendre maintenant ? » Rien dans la formation prodiguée par Air Canada ni dans les manuels de vol n'expliquait comment on devait s'y prendre pour faire atterrir un 767 en vol plané. Grâce à son expérience du vol à voile, Pearson savait qu'il y avait une vitesse d'avant optimale qui permettrait à l'appareil de rester en l'air le plus longtemps possible. Si l'angle de la trajectoire de descente était trop faible, l'appareil perdrait nécessairement de la vitesse, décrocherait et piquerait vers le sol. En revanche, avec un trop grand angle, ils se rapprocheraient du sol beaucoup trop loin de Winnipeg.

Pearson « estima à vue de nez » qu'une vitesse indiquée de 118 kilomètres/heure maximiserait leur autonomie de vol et espéra que cela lui permettrait d'éviter l'un des plus gros risques inhérents à un atterrissage sans moteur. Il ne voulait pas commettre l'erreur fatale de toucher le sol avant la piste. Il expliqua son plan à Quintal : il arriverait assez haut au-dessus de l'aéroport de Winnipeg pour être sûr d'avoir une altitude suffisante, puis tournerait en rond pour atterrir. S'ils arrivaient trop haut pour la phase finale, il mettrait l'appareil en glissade sur l'aile pour perdre rapidement de l'altitude et corriger le tir.

La glissade sur l'aile est une manœuvre courante pour un avion léger mais inconcevable pour un gros avion de ligne à réaction. Pour ce faire, Pearson allait devoir tourner le manche dans une direction, mettre les ailerons en position de virer. Simultanément, il appuierait comme un sourd sur une pédale, pour pousser la gouverne dans la direction opposée. Les forces en opposition créées par les commandes croisées seraient considérables et produiraient une résistance énorme qui entraînerait une chute rapide de vitesse et d'altitude.

Hewett dit :

— Vous êtes à 120 kilomètres de Winnipeg... et à approximativement 83 kilomètres de Gimli.

— On va peut-être y arriver, dit Pearson.

Il avait entendu parler de la ville de Gimli, qui avait jadis hébergé une base de l'armée de l'air canadienne à présent désaffectée, mais il n'y était jamais allé.

— 83 kilomètres de Gimli. C'est une longue piste, dit Quintal.

— O.K., fit Pearson en considérant cette alternative. Il demanda à Hewett :

— Ils ont des équipes de secours à Gimli ?

— Négatif. Juste une piste disponible et, je crois, pas de contrôle et aucune donnée dessus.

— Ouh ! Vaudrait mieux Winnipeg alors, répondit Pearson en se disant : « Je me demande comment tout cela va tourner ».

Il pensait qu'ils pourraient arriver à Winnipeg, mais il n'en était pas sûr et il songeait aux divers cas de figure possibles. S'ils étaient trop courts, devait-il tenter le vieux truc d'atterrir sur une route ? Il faut penser aux poteaux téléphoniques et aux autres obstacles de ce genre. Aux murs bas et aux fossés. Ils déchiquetteraient l'appareil.

156

Non. Pas de route, décida-t-il. S'il le fallait, il ferait un amerrissage sur le lac Winnipeg. Des images macabres surgirent dans son esprit. On va ouvrir un restaurant flottant, servir de la purée de mouette aux touristes, jouer des cassettes de gens en train de hurler...

Le commandant revint au présent. Quintal et lui passèrent leurs bretelles fauteuil en prévision des secousses de l'atterrissage.

Pearson vérifia alors les quelques instruments de secours, conçus pour fonctionner même si la source d'alimentation tombait en panne. Il pilotait l'avion le plus sophistiqué du monde à l'aide d'un compas magnétique, un indicateur d'horizon artificiel, un indicateur de vitesse relative, et un altimètre. Le compas magnétique de secours ne l'aidait guère, car il devait se pencher vers sa droite pour le voir. Il décida de regarder lui-même sa route, en se concentrant sur l'aspect des formations nuageuses en dessous, et en jugeant intuitivement les degrés de changement de cap.

Dion fut impressionné par la douceur avec laquelle Pearson traitait les commandes. Chaque réglage était fait lentement, avec soin. Puis il comprit que Pearson ne voulait pas faire osciller l'appareil.

La voix de Hewett retentit dans l'atmosphère tendue du cockpit :

— 143, une ou deux questions si vous avez le temps.

— O.K. ! Allez-y, répondit Pearson.

— Un, nombre total de personnes à bord et, deux, carburant à bord à l'atterrissage, si possible.

Le contrôleur répétait ses précédentes questions. L'information était cruciale pour les équipes de secours qui se rassemblaient à présent à côté de la piste 18 à Winnipeg. Mais Pearson n'avait aucun moyen de dire à Hewett quelle quantité de carburant ils auraient à l'atterrissage. Les indicateurs de quantité carburant étaient en panne depuis le décollage. Il avait dans l'idée qu'il n'avait plus une goutte de carburant à bord, mais il ne pouvait pas l'affirmer. Il ignora donc cette partie de la question et, dans la tension du moment, donna la première réponse qui lui venait à l'esprit.

— J'ai trente-trois personnes à bord, équipage compris.

— O.K.

En fait, il y avait soixante-deux passagers et huit membres d'équipage. A mesure que l'appareil perdait de l'altitude et entrait dans un air à plus forte densité, la vitesse indiquée mesurée par la quantité d'air entrant dans le tube pitot sur le côté gauche du fuselage augmentait. Pearson releva le nez de l'appareil par paliers, pour maintenir la vitesse indiquée optimale de 470 kilomètres/heure.

Pour un atterrissage normal en plané avec les moteurs coupés et des conditions de vent indéterminées, ils perdraient en moyenne 2 500 pieds d'altitude par minute. Mais, sans carburant, il était impossible de maintenir le régime des moteurs pour compenser la résistance des énormes fuseaux réacteurs. Et sans variomètre indiquant normalement la vitesse verticale de descente, Pearson ne pouvait qu'essayer de deviner à quelle vitesse ils tombaient vers le sol. Personne n'avait encore tenté cette expérience. Personne ne savait quelles étaient les aptitudes du 767 en vol plané.

18

Le centre de contrôle de Winnipeg

Au centre de contrôle de Winnipeg, les contrôleurs cherchaient frénétiquement des cartes d'atterrissage locales d'aéroports de secours, comme Red Lake, Saint Andrews et Gimli.

Quelqu'un dénicha une règle en papier à placer en travers de l'écran radar pour aider les contrôleurs à surveiller la distance et Hewett se rappela que lorsqu'on avait installé cet équipement, les experts techniques avaient décrété qu'ils n'avaient pas besoin d'équipements de mesure de distance sophistiqués.

Quand le vol 143 fut à 72 kilomètres de Winnipeg, Hewett se prépara à passer les commandes à Len Daczko, le contrôleur à l'arrivée. Normalement, il demandait à ce moment-là aux pilotes de changer de fréquence radio, de passer de 118,0, que tous les avions de son secteur écoutaient, à 119,5, celle que Daczko utilisait.

— Pouvez-vous opérer un changement de fréquence dans environ trois minutes? demanda-t-il.

— Oh, non! On préférerait rester avec vous, euh, sur cette fréquence, répondit Pearson.

Le commandant ne voulait pas interrompre les communications radio, même momentanément. Que se passerait-il s'ils essayaient de changer de fréquence et qu'ils ne pouvaient pas rétablir le contact?

Hewett fut d'accord et, entendant cela, Daczko prit un émetteur-récepteur de secours sur une étagère au-dessus de son écran et se plaça sur 118,0. Il prit le relais de Hewett et envoya le dernier bulletin météo de Winnipeg. Il y avait des nuages épars à 4 000 pieds. La visibilité était de 27 kilomètres. Un vent de 7,5 kilomètres/heure soufflait de 350 degrés.

— O.K. et à combien sommes-nous du terrain maintenant? dit Pearson.

— 64 — correction — 72 kilomètres, répondit Daczko en jetant un coup d'œil à la règle en papier.

Comme Hewett, le nouveau contrôleur demanda les renseignements nécessaires:

— 143? quand vous aurez une seconde, pouvez-vous nous donner le carburant et les âmes à bord, s'il vous plaît.

— Ah, pour le carburant, je crois que nous sommes en manque... les âmes à bord, cela fait vingt-cinq passagers, plus six membres d'équipage, plus deux pilotes.

Une fois de plus, Pearson se trompa dans le nombre de passagers. C'était le seul signe de tension que montrait le pilote chevronné.

19

Le cockpit

De son poste d'observation derrière Pearson, le mécanicien Rick Dion restait sur le qui-vive. Il n'osait pas gêner la concentration des pilotes, mais il surveillait le cours des événements, prêt à offrir son aide. Il était préoccupé par la pressurisation de la cabine. Sans moteurs, il n'était pas possible de maintenir une pressurisation convenable et Dion espérait qu'ils descendraient jusqu'à 10 000 pieds, altitude où un supplément d'oxygène n'était pas nécessaire, où l'on pouvait maintenir la pressurisation de la cabine au-dessus du niveau critique sans l'assistance des moteurs. Si les passagers voyaient soudain tomber des masques à oxygène sous leur nez, ils risquaient de paniquer. Cela se serait déjà produit dans la plupart des appareils. Dion se dit que cet appareil-là était suffisamment neuf pour rester relativement hermétique.

Le sang-froid de Pearson et de Quintal face à la crise l'émerveillait. Ils allaient bientôt tenter un atterrissage sans moteur à Winnipeg; une tâche inhabituelle et difficile avec un avion de ligne pesant une centaine de tonnes.

A 64 kilomètres de l'aéroport, au-dessus de la rive est du lac Winnipeg, le vol 143 sortit d'une couche de nuages. En regardant en bas, Pearson repéra ce qui

161

avait l'air d'un aérodrome à l'abandon, avec trois pistes disposées en triangle.

— Quel est cet aérodrome devant nous? demanda Pearson à Daczko.

— C'est Netley. Cela fait plusieurs années qu'il est désaffecté et je ne sais pas très bien quelle est sa condition actuelle. Cela fait des années qu'on ne l'utilise plus.

— O.K., dit Pearson. Je pense que nous allons arriver à, euh, l'aéroport.

Quintal n'en était pas convaincu. Sur le plan de vol devant lui, il avait établi un profil de descente en notant l'altitude et la distance de Winnipeg d'après les données communiquées par les contrôleurs. En étudiant ces chiffres, il conclut qu'ils avaient perdu 5 000 pieds d'altitude sur les derniers 18 kilomètres. Ils avaient encore 64 kilomètres à parcourir et ils n'étaient plus qu'à 9 000 pieds du sol. Leur vitesse descentionnelle diminuerait quand ils rencontreraient une plus grande densité d'air près du sol, mais cela suffirait-il? Quintal regarda fixement la page, essayant de comprendre les données. Il n'en revenait pas d'être aussi lent pour faire un simple calcul. « Allons, Maurice, se dit-il. Dépêche-toi! »

Il finit par conclure: il va nous manquer 22 kilomètres! Il leva le nez de ses calculs et vit Pearson qui, la mâchoire serrée, tenait le manche comme un cow-boy accroché à une vachette de rodéo.

— On n'y arrivera pas, lui dit Quintal. Il va nous manquer 22 kilomètres!

20

Centre de contrôle de Winnipeg

De son côté, Daczko vérifiait ses propres chiffres. Sur l'écran de son radar opérant sur un rayon de 110 kilomètres étaient gravés des cercles concentriques séparés par des intervalles de 18 kilomètres. En appliquant une règle en carton dessus, il pouvait fournir au vol 143 des estimations continuelles de la distance les séparant de Winnipeg. Le transpondeur de l'appareil, essayant de fonctionner grâce au groupe de secours, avait envoyé des données d'altitude sporadiques avant de tomber en panne. A une distance de 72 kilomètres de Winnipeg, le vol 143 était à 9 400 pieds. Sur le balayage suivant du radar, il était à 9 200 pieds. D'après les calculs de Daczko, la vitesse descentionnelle était de 2 400 à 2 500 pieds par minute. A peu près le double de la normale. L'appareil tombait à une vitesse verticale d'environ 55 kilomètres à l'heure. Cette vitesse allait diminuer à plus basse altitude, mais Daczko comprit qu'ils ne pourraient jamais se poser à Winnipeg. Le vol 143 foncerait vers le sol à environ 18 kilomètres de la piste.

21

Gimli

Au volant de sa Honda civic rouge métallisé, Kevin Lloyd rétrograda avant de négocier un virage sur la route n° 9. Il observait la file de voitures de sport qui le précédaient, participant indirectement à la joie de ses amis. Sa femme Sybil et lui étaient arrivés deux jours avant, le jeudi, à Gimli, à une heure de route au nord de leur maison de Winnipeg, pour organiser cette chasse au trésor, la façon la plus agréable de finir en beauté une journée de course.

Fonctionnaire des impôts, Lloyd était également président de l'Automobile Club de Winnipeg. Il consacrait la plupart de ses week-ends à des compétitions automobiles.

Les concurrents étaient en majorité des hommes. Pour compenser, le club organisait souvent des courses au trésor comme celle-ci pour que les femmes et les enfants participent à la fête. Ce jour-là, les Lloyd avaient prévu une chasse au trésor motorisée. Les participants devaient compter le nombre de poteaux de clôture sur une partie donnée d'une route de campagne, résoudre une énigme basée sur le nom d'une boutique de Center Street et s'acquitter de plusieurs autres tâches de ce genre.

Lloyd roulait à présent vers le nord. Il traversa

plusieurs hameaux nichés entre la rive du lac et une ligne des Chemins de fer, passa les villages de Winnipeg Beach et de Sandy Hook, un camp d'été luthérien privé, l'hôpital Johnson Memorial de quarante-cinq lits et entra dans Gimli. Il tourna à droite dans First Street South et prit la direction du lac. C'est là que se dressait le monument en fibre de verre symbolisant l'âme de cette communauté unique — d'aucuns diraient bizarre — la statue du Viking.

Haute de 5 mètres, elle représente un Viking, une jambe en l'air, penché, avec une hache à la main. La tête surmonté d'un casque, il fixe son sévère regard nordique sur la ville. En 1967, la chambre de commerce de Gimli avait réuni quinze mille dollars pour ériger la statue et avait invité Asgeir Asgeirsson, le président de l'Islande, à l'inaugurer le 30 juillet de la même année.

Dans la mythologie nordique, le mot Gimli signifie « une demeure céleste » ou simplement le « paradis ».

En fait, Gimli fut un vrai refuge pour un groupe de colons islandais qui, au XIXe siècle, furent obligés de fuir leur terre natale à cause d'une accumulation de catastrophes, dont une série d'hivers particulièrement rudes et une épidémie décimant leurs moutons. Ému par leur situation critique, le gouvernement canadien, qui était à la recherche d'une main-d'œuvre travailleuse susceptible d'exploiter les ressources de son vaste dominion, autorisa une colonie islandaise à s'établir dans le Nouveau Monde. On réserva aux immigrants un lotissement d'environ 460 kilomètres carrés dans la région d'Interlake, péninsule située entre le lac Winnipeg et le lac Manitoba.

Composé de deux cent quatre-vingt-cinq colons, le groupe d'origine mit pied à terre le 21 octobre 1875 à Willow Point sur les rives du lac Winnipeg et, dès le printemps, partit s'installer à Gimli, à 5 kilomètres environ au nord. C'est là qu'avec l'approbation et le soutien financier du gouvernement canadien, ils fondèrent la république de la Nouvelle Islande. Pendant les douze années suivantes, la république demeura une enclave pratiquement indépendante au cœur même du dominion canadien.

Les archives locales indiquent que la première maison en dur de Gimli fut construite par un certain Fridjon Fridricksson. C'est vers cette époque, en été 1876, que le groupe initial fut rejoint par une seconde vague d'immigrants, chassés d'Islande par des éruptions volcaniques.

La vie était dure. Palmi Jonsson tomba d'un bateau et se noya dans la Red River. Jon Thorkelsson mangea un champignon vénéneux et en mourut. Hjalmar Hjalmarsson et Magnus Magnusson disparurent trois jours dans la tempête de neige et revinrent avec les orteils gelés.

Pendant l'hiver 1876-77, les colons durent faire face à une épidémie de petite vérole qui fit cent deux victimes. Gimli fut soumise à une quarantaine qui fut à l'origine d'une histoire d'amour légendaire. En février 1877, Signurdur Kristofersson et Carrie Taylor décidèrent de se marier. Comme il n'y avait pas de pasteur et que, du fait de la quarantaine, il leur était impossible d'en faire entrer un en ville, les deux amoureux persuadèrent un pasteur luthérien de les retrouver à la limite de la quarantaine située au sud de Gimli. Les amoureux purent ainsi échanger leurs vœux. Cette histoire passa dans la légende si bien que bien des mères de la région nommèrent leur fille Carrie en souvenir de l'héroïne de ce roman d'amour.

Les immigrants durent également lutter contre la famine dans ce rude climat nordique, car la terre était pauvre et ils ne s'habituaient pas aux ressources alimentaires locales. On raconte qu'une femme déclara en fondant en larmes qu'elle ne pourrait jamais se résoudre à aimer une vache étrangère. Everett Parsonage dirigea une expédition de chasse à Big Island mais rentra bredouille. Des hommes de la communauté fabriquèrent des pièges à lapins, mais les femmes refusaient de cuisiner les prises du fait de leur ressemblance avec les chats. En outre, les Islandais connaissaient mal les techniques de pêche de leur nouvelle terre. Leurs filets étaient soit trop grands soit trop petits pour attraper les espèces indigènes. Lors de leurs premières tentatives, ils installèrent leurs filets trop près de la berge et attrapèrent surtout du bois flotté. Enfin, en décembre 1877, Magnus Stefansson mit au point un équipement adapté et mena une expédition de pêche sur le lac Winnipeg — initiative qui engendra la plus ancienne industrie de Gimli qui produit encore de la blanchaille, et surtout du brocheton.

En 1887, les colons décidèrent par un vote de devenir canadiens et joignirent Gimli à la province du Manitoba. Au cours des années qui suivirent, les colons islandais furent rejoints par d'autres immigrants, surtout des Ukrainiens mais aussi des Allemands, des Hongrois et des Polonais, ce qui donna un parfum cosmopolite à la région.

La ville s'agrandit lentement. En 1891, elle ne se composait encore que de quarante maisons. En 1905, une ligne de chemin de fer s'y arrêta, ce qui ouvrit la région aux vacanciers. Mais il fallut attendre 1957 pour que l'eau courante et le tout-à-l'égout fussent installés à Gimli et, en 1983, la ville comptait un total de neuf rues coupées de sept avenues.

Pendant l'été, la population passe de deux mille cinq cents habitants à dix mille du fait de l'afflux de vacanciers en provenance de Winnipeg, comme ce groupe de coureurs automobiles qui parcouraient la région ce jour-là. Suivant la route tracée par la chasse au trésor, ils descendirent Center Street jusqu'à Seconde Avenue. Là, sur ce que l'on peut appeler la place de la ville, un Silver Star T-33 de l'armée de l'air canadienne trône sur son piédestal. La plaque indique qu'il fut offert à la ville par les officiers et les hommes de la base de l'armée de l'air en souvenir de toutes ces années d'amitié et de collaboration.

C'est une carcasse vide et une déclaration vide de sens, car le départ de l'armée de l'air fut une énorme claque pour l'économie locale.

Produit de la Seconde Guerre mondiale, la base était entrée en service en septembre 1943, à 4 kilomètres à l'ouest de la ville. L'armée de l'air y installa son école d'entraînement n° 18, d'où ressortirent six cent vingt-deux pilotes qui partirent se battre. La base ouvrit les horizons de la ville. En d'autres termes, beaucoup de filles de Gimli épousèrent de jeunes pilotes de l'armée de l'air et partirent à la découverte du monde.

La base créa surtout des emplois qui survécurent après la guerre lorsque la base devint le centre de formation estival des Cadets de l'air. Il y eut de nouvelles créations d'emplois quand, dans les années 50, Gimli servit à former des pilotes en provenance de Grande-Bretagne, de France, du Danemark, d'Italie, des Pays-Bas, de Norvège, et de Turquie, ainsi que des pilotes de l'armée de l'air et de la marine du Canada. Cet influx fut plus apprécié par la population locale que par les jeunes affectés à cette base qu'ils surnommèrent bientôt la ville « Grimli », sinistre.

En 1953, Gimli entra dans l'ère du jet. Les pilotes débutants vinrent s'entraîner sur le Silver Star T-33. Et la base devint bientôt célèbre grâce à l'équipe de voltige, les Gimli Smokers.

Quand on vit près d'une base aérienne, on court toujours le risque de recevoir un avion sur la tête. Gimli eut sa part d'accidents, mais les débris tombaient le plus souvent sur la piste ou dans le lac Winnipeg. Une seule fois, un jet de l'armée de l'air fonça sur la ville. Cela se passa en juillet 1970 quand un pilote perdit le contrôle de son T-33 et sauta en parachute. L'avion vide s'écrasa dans Center Street, sans trop causer de dommages.

En 1967, Gimli était l'aéroport le plus actif du Canada — sur les plans civil et militaire. La base employait deux cent cinquante personnes du cru et faisait rentrer annuellement quelque 4 millions de dollars dans les caisses communales. Et ce n'était en principe qu'un début. Cette même année, le commandant de la base annonça que l'on projetait de lancer un programme de construction sur quatre ans de 10 millions de dollars. L'économie du pays s'améliora encore quand Calvert ouvrit une distillerie qui rapportait 1,5 million de plus dans les caisses communales.

Trois ans après, la situation avait radicalement changé. Du fait d'une réduction des effectifs des forces militaires canadiennes, le gouvernement annonça que la base de Gimli fermerait ses portes le 1er septembre 1971.

Le maire de la ville créa un comité de défense de la base qui alla à Ottawa défendre sa cause. Ils perdirent la bataille, mais obtinrent quelques concessions. Le gouvernement fédéral accepta de verser 1,5 million de dollars pour la reconversion de la base abandonnée en un parc industriel.

Ce fut une époque difficile pour la ville.

En 1983, la situation économique de la ville n'était pas brillante. Bien sûr, il y avait la distillerie, les produits Olson Bros, Dockside Fish et une industrie touristique florissante, grâce aux dollars versés par le gouvernement. Grâce à cet argent, les habitants avaient construit un complexe regroupant plusieurs musées.

Les activités possibles étaient nombreuses à Gimli: curling, théâtre d'été, croisières, escrime, parachutisme, patinages.

Kevin Lloyd et ses amis de l'Automobile Club profitaient de l'un des aménagements les plus populaires de Gimli. L'armée de l'air avait dépensé des millions pour refaire la base et les pistes juste avant que la décision de la fermeture ne soit prise. On avait transformé les baraquements en bureaux industriels. La piste ouest était utilisée par les avions légers, mais la piste est avait été transformée en piste de vitesse.

Plusieurs clubs automobiles profitaient de ces installations. Certains se contentaient d'utiliser la piste pour les dragsters, mais l'Automobile Club de Winnipeg avait converti l'ancienne piste en dernière piste de vitesse d'un circuit en W.

La chasse au trésor terminée, les fous du volant se rendirent dans la zone industrielle de Gimli, où ils avaient installé leurs camping-cars et leurs tentes à côté de l'ancienne piste ouest. Il était l'heure d'installer les barbecues sur la piste, de dîner, de se détendre et de savourer la douceur de cette fin d'après-midi de samedi.

Colin Nisbet avait passé la majeure partie de sa journée en l'air mais il entendait encore profiter des dernières lueurs de ce bel après-midi de juillet. Il vérifia son Cessna 152 jaune et blanc et attendit son élève. Ce médecin passait plus de temps à l'aérodrome que dans son cabinet.

Nisbet et son associé, Danny Sigmundson, avaient saisi l'occasion qui se présentait quand la base ferma ses portes. Ils louèrent des bureaux et des hangars et ouvrirent Interlake Aviation, une école de pilotage qui offrait des cours accélérés. Interlake pouvait héberger ses pilotes. Les deux pistes de 2 000 mètres étaient beaucoup plus longues que celles de la plupart des aéroports privés. Gimli présentait en outre l'avantage de conditions atmosphériques relativement stables. L'aéroport de Winnipeg était suffisamment proche

171

pour permettre aux élèves d'aller s'y exercer à décoller et à atterrir.

En fait, Nisbet pensait que Gimli était l'endroit rêvé pour une école de pilotage, mais il avait parfois du mal à faire passer le message. Chaque fois que la presse parlait de Gimli, Nisbet disait : « Ils parlent toujours du site abandonné de la base de l'armée de l'air, mais il est tout sauf abandonné. »

22

Le cockpit

— On est à quelle distance de Gimli ? demanda tout à coup Pearson au contrôleur Daczko.

— Ah ! Vous êtes à approximativement 22 kilomètres de Gimli.

— Où est-ce ? A droite ?

— A droite à environ... votre position à quatre heures à 22 kilomètres.

Pearson prit sa décision. Il pensait encore pouvoir atteindre Winnipeg, mais il était sûr d'arriver à Gimli. La prudence lui dictait de mettre le cap sur un « morceau de ciment » accessible.

— Vous pouvez nous guider jusque-là ?

Daczko lui dit de virer vers la droite sur un cap de 345 degrés.

Pearson peina sur les commandes. A 1 h 33 GMT, quelque vingt-quatre minutes après le premier signal sonore dans le cockpit, l'appareil effectua un brusque virage à droite, glissant silencieusement au-dessus de la couche de nuages, prenant la direction nord-nord-ouest au-dessus de la rive occidentale du lac Winnipeg, s'éloignant de la sécurité à présent douteuse d'un gros aéroport pour partir vers l'inconnu d'une base de l'armée de l'air abandonnée dans les faubourgs de la bourgade de Gimli.

Les trois hommes dans le cockpit du vol 143 avaient un lien avec Gimli, bien qu'aucun d'eux n'en fut conscient. Pearl, la femme de Rick Dion, avait servi à Gimli quand elle était dans l'armée de l'air canadienne, comme Maurice Quintal.

Le commandant Bob Pearson connaissait l'existence de Gimli, mais il n'avait encore jamais repéré la position géographique de cette ville. Néanmoins, une partie de son héritage était là. A l'extrémité sud des pistes jumelles de l'ancienne base de Gimli, entre les entrées de piste, se trouvait un vieux Vickers-Viscount, l'appareil 624, qui pourrissait sur place avec une aile en moins. A son heure de gloire, il avait consciencieusement servi dans la flotte d'Air Canada avant d'être revendu à Ontario Central Airlines. Un médecin de Winnipeg l'avait racheté dans l'intention de l'installer dans sa retraite de Willow Island pour le transformer en pavillon d'été. Lorsque ses voisins lui avaient dit qu'il était trop gros pour son terrain, il avait abandonné ses plans et l'appareil.

Et il se trouvait justement que Robert Owen Pearson avait piloté cet appareil 624.

23

Le centre de contrôle de Winnipeg

Au centre de contrôle de Winnipeg, Steve Denike trouva rapidement un supplément au manuel des règles de vol à vue qui contenait les données concernant la base désaffectée de l'armée de l'air de Gimli. Il passa la plaquette à Len Daczko puis se dirigea vers le téléphone.

Denike appela d'abord la police montée de l'aéroport de Winnipeg pour leur demander de se mettre en contact avec leurs homologues de Gimli. Il fallait convoquer tous les effectifs de pompiers et de police à l'aérodrome. Il téléphona ensuite au poste de police de Selkirk dans le Manitoba pour leur demander d'envoyer tous les équipements de secours dont ils pourraient disposer. Il contacta la commission d'enquête sur les accidents pour les aviser du déroutement. Il appela la tour de contrôle de Winnipeg pour les informer que le vol 143 ne devait plus se présenter sur la piste 18. Il téléphona à son patron Emil Bryska qui dirigeait le centre des opérations. Et enfin, il joignit le bureau de la météorologie de Gimli dans l'espoir de pouvoir fournir des données plus précises au commandant Pearson.

De son côté, son collègue Warren Smith appelait la base aérienne de Portage et la base militaire de Winni-

175

peg pour leur demander s'ils pouvaient envoyer des hélicoptères et du personnel de secours à Gimli.

Sur son émetteur-récepteur, Gary Reid composa le 122,8, la fréquence universelle utilisée par tous les appareils de vol à vue opérant aux abords d'aérodromes sans tour de contrôle comme Gimli. Reid envoya un message d'alerte, ordonnant à tous les appareils de dégager la zone de Gimli.

Ron Zurba utilisa la ligne directe le reliant à l'aéroport Saint-Andrews le plus proche de Gimli pour prier les responsables de continuer à transmettre le message d'alerte à tous les appareils du secteur.

Denike envoya alors Reid au bureau d'Air Canada pour les mettre au courant des derniers développements.

24

Le vol 155

Le vol 155 avait légèrement modifié sa route pour ne pas inquiéter les passagers. Le commandant réduisit un peu sa vitesse pour ne pas dépasser l'appareil en détresse et vira en douceur vers la droite, pour prendre la direction de Gimli, au nord. De son altitude de 35 000 pieds, le copilote fouilla le ciel des yeux, à la recherche du vol 143. Il ne le vit pas.

Sergerie écrasa sa cigarette dans le cendrier et en alluma aussitôt une autre.

Il brancha sa radio sur une fréquence que devait écouter tous les appareils légers du secteur et envoya un message d'alerte.

— Appareil en détresse. Dégager l'aérodrome, s'il vous plaît.

Sergerie se rendit compte que son cœur battait anormalement vite.

25

La cabine

Seul dans la cabine avant, assis juste en avant de l'aile droite, Nigel Field n'arrivait pas à détacher ses yeux de la fenêtre. Tout semblait normal mais ce n'était qu'une apparence. Il aperçut le lac Winnipeg — encore lointain mais se rapprochant de seconde en seconde.

Une voix le tira de sa contemplation.

— Vous m'avez l'air d'être un homme calme, accepteriez-vous de changer de place ? Nous aimerions que vous veniez vous asseoir près de la sortie de secours sur l'aile.

C'était Bob Desjardins. Après avoir donné les instructions pour l'atterrissage d'urgence, s'être occupé de certains passagers et avoir rangé la cabine, les agents de bord passèrent à la phase suivante. Chacun d'eux devait trouver un passager valide, de préférence un homme jeune et robuste et le faire asseoir près d'une issue de secours. Sur ce point, les instructions étaient claires. L'homme « valide » devait s'occuper de la sortie de secours et commencer l'évacuation des passagers si l'agent de bord était handicapé — ou mort.

— J'en serai ravi, dit Field.

Il était heureux d'avoir quelque chose à faire, plutôt que de se soumettre passivement à ce qui l'attendait. Il suivit Desjardins jusqu'à la sortie de secours sur l'aile droite.

Une fois sanglé sur son siège, Field observa les gestes de Desjardins qui lui montrait comment ouvrir l'issue de secours. Le chef de cabine lui expliqua deux procédures : si le pilote parvenait à trouver une surface appropriée et à réussir un atterrissage train sorti, sur un signe de Desjardins, Field devait ouvrir la porte d'une poussée et déployer le toboggan d'évacuation qui permettrait aux passagers de glisser rapidement jusqu'au sol. En revanche, si le pilote était contraint de faire un amerrissage forcé, vraisemblablement dans les eaux inhospitalières du lac Winnipeg, Field devait utiliser un autre levier pour ouvrir la porte sans déployer le toboggan. Desjardins conclut en disant :

— Attendez mon signal pour ouvrir la porte.

Field répéta mentalement les instructions qu'on venait de lui donner, sans parvenir à détacher ses yeux du petit hublot carré à quelques centimètres de son visage.

Tout lui paraissait tellement irréel. En cas d'amerrissage, on n'a pas besoin du toboggan. Son esprit ordonné tenta d'identifier la vague de sensations étranges qui l'envahissait. Il avait l'impression d'être un observateur dans cette fuite surréaliste vers l'apocalypse, regardant avec détachement sa propre mort approcher.

— Mon bébé... Mon bébé, gémissait une jeune mère, serrant un nourrisson dans ses bras.

La vision de cette jeune femme brisa le cœur de Susan Jewett :

— Tout ira bien, dit-elle. Nous allons atterrir à Winnipeg, ne vous inquiétez pas.

— Est-ce que tout va bien se passer ? demanda une femme plus âgée qui avait besoin de réconfort.

— Bien sûr, répondit Susan.

Elle se rendit compte que les passagers étaient profondément conscients de leur impuissance.

180

Jewett chercha un homme valide du regard. Il y avait un homme assis à sa gauche, près de l'aile.

— Monsieur, dit-elle en s'agenouillant près de lui. J'ai besoin de quelqu'un pour...

— Non, non, fit-il en lui montrant l'enfant assis à côté de lui.

Jewett comprit et reprit sa quête. Il y avait un homme, assis devant. Il avait l'air solide, mais il portait une paire de lunettes à verres épais. Elle se dirigea vers lui et s'agenouilla à nouveau pour que leurs yeux soient au même niveau.

— Pouvez-vous voir sans vos lunettes?

— Oui.

— J'ai besoin de quelqu'un pour m'aider à ouvrir la porte en cas de nécessité. Pensez-vous pouvoir vous en charger?

Il hocha la tête.

Jewett l'emmena à l'arrière de l'appareil et le fit asseoir à droite. En lui donnant les instructions, elle remarqua qu'elle parlait de plus en plus fort.

L'esprit scientifique de Bob Howitt analysait tous les détails de la scène. Contrairement aux autres passagers, il avait l'oreille suffisamment exercée pour se rendre compte que les moteurs ne tournaient plus. Il tenta de mesurer les conséquences de cette avarie.

Adolescent, il avait volé à bord d'un Cessna mono-moteur au-dessus d'Ottawa avec un ami plus âgé que lui. « Sur ce truc, on peut couper les moteurs sans tomber pour autant. » Et il était passé à l'acte. Il avait coupé les gaz et plané au-dessus d'Ottawa, tout en expliquant les principes de l'aérodynamique à l'adolescent fasciné.

Howitt connaissait la physique. Il savait que, tant qu'ils conserveraient une vitesse suffisante, la configuration des ailes continuerait à maintenir la sustentation.

Un avion de ligne à réaction n'est pas capable de planer comme un petit coucou, mais il a tout de même une certaine stabilité.

Il perçut ensuite le gémissement aigu de la turbine à air dynamique, située sous le fuselage à l'arrière du train principal droit. Ce bruit le mit mal à l'aise.

Ce qui l'ennuyait le plus, c'est qu'il était totalement impuissant, qu'il ne pouvait rien faire pour venir en aide à sa femme, à son fils ou à sa petite fille. Il regarda les agents de bord. Il lut la peur dans leurs regards et sur leurs visages livides. En l'air, Howitt ne pouvait rien faire, mais il devait se préparer à toute éventualité une fois qu'ils auraient atterri — ou touché le sol. « Réfléchis, se dit-il. Réfléchis. »

A droite, par le hublot, Howitt aperçut une vaste étendue d'eau. Ce devait être le lac Winnipeg. Comme le lac était à sa droite, Howitt comprit qu'ils s'éloignaient de Winnipeg, situé au nord. Il contempla son bébé. « J'espère que nous ne nous poserons pas sur l'eau, pensa-t-il. Comment sauver Katie si c'est le cas ? »

Il passa en revue les gestes à faire en cas d'amerrissage. Après l'ouverture des issues de secours, les toboggans d'évacuation allaient se déployer. « Peut-être pourrons-nous nous en servir comme de radeaux. Il faut que nous sortions du fuselage mais que nous restions sur les toboggans. Il vaudra mieux attendre un peu, laisser sortir le plus de passagers possible. Eux, ils peuvent toujours nager. Mais avec le bébé, il faudra que je reste sur un toboggan. »

En vaquant à ses occupations, Annie Swift fut submergée par une sensation partagée par beaucoup de ceux qui l'entouraient. Elle avait l'impression de s'observer de l'extérieur. Extérieurement, elle fonctionnait, elle faisait son travail. Mais intérieurement, elle se sentait incapable de maîtriser l'énergie qui bouillonnait en elle.

Elle se rendit compte qu'une jeune passagère lui faisait signe. Elle se précipita.

— Ma mère porte un corset habituellement. Doit-elle le mettre?

— De quoi est-il fait?

— Il y a des baleines métalliques dedans...

— Non, il ne faut pas le mettre maintenant.

« Je dois trouver un homme valide. » Elle en chercha un du regard dans la partie gauche de la cabine. Il y avait quelques adultes — Bob Howitt, Ken Mohr, Michel Dorais. Elle ne connaissait pas leurs noms, mais elle vit qu'ils étaient accompagnés de leur famille. Il n'y avait qu'un seul jeune homme possible, mais il avait manifestement trop bu. Je ne peux pas faire appel à lui, ce serait de la folie. Et je ne veux pas séparer un homme de sa famille. Il doit bien y avoir quelqu'un qui voyage seul. Mais qui? Où? Elle passa dans le secteur de Susan Jewett, à droite, et repéra un jeune homme trapu assis seul près de la cloison.

Swift se dirigea vers lui et s'agenouilla à ses côtés. Le jeune homme avait les yeux pleins de larmes.

— Nous avons besoin d'aide, commença-t-elle.

Mike Lord se rendit brusquement compte qu'elle s'adressait à lui.

— Vous voyagez seul?

— Oui.

— Comment vous appelez-vous?

— Mike Lord.

— Moi, c'est Annie. Mike, j'ai besoin de votre aide. Si quelque chose devait m'arriver, j'aimerais que vous ouvriez l'issue de secours et que vous vous occupiez du toboggan. Pensez-vous pouvoir faire ça?

— J'espère. Je crois, oui.

— Suivez-moi.

Lord la suivit à l'arrière gauche de la cabine, où elle lui montra les issues de secours.

— Asseyez-vous là, dit-elle en lui montrant le siège de la dernière rangée à gauche, juste derrière Pat et Ken Mohr.

Lord s'assit, boucla sa ceinture et lui demanda:
— Que dois-je faire?

— Quand nous atterrirons, j'aurai besoin d'environ cinq secondes pour ouvrir la porte et déployer le toboggan d'évacuation. Ce que j'attends de vous, c'est que vous bloquiez l'allée après l'atterrissage et que vous ne laissiez passer personne. Si les gens paniquent ou je ne sais quoi, il faut éviter les bousculades. Vous me donnez cinq secondes et quand je vous dirai « maintenant », vous vous retournerez, vous vous lancerez sur le toboggan et vous resterez à côté, en bas, pour aider les autres à l'arrivée. Vous pouvez faire ça?

— Pas de problème.

26

Le cockpit

Ayant laissé la couche de nuages à leur droite, Pearson et Quintal pouvaient confirmer visuellement qu'ils se dirigeaient droit vers le nord, le long de la côte du lac Winnipeg. Pearson aligna le nez de l'appareil sur une route parallèle à la berge. En dessous s'étendait une terre stérile, d'un noir charbonneux, parsemée de villas de vacances et de hameaux de maisons modestes. Il savait que l'une des villes était Gimli et qu'il y avait un aérodrome près de Gimli, mais il était difficile de reconnaître quelque chose sur ce bout de terre inconnu. Un 767 ne se pose normalement pas sur l'aérodrome d'une petite ville et les deux pilotes se rendirent compte que quelque chose ne tournait pas rond dans leur projet.

Quintal montra du doigt un point distant d'environ 18 kilomètres : Gimli.

Le commandant distingua les contours d'une petite communauté. Près de la rive du lac, il repéra la configuration familière d'une piste.

— Bob, tu vois l'aérodrome ? demanda Quintal.

— Ouais, droit devant.

Quintal aperçut quelque chose qui ressemblait à une piste, mais ayant servi dans l'armée de l'air canadienne, il savait que cela n'en était pas une. Il fit signe à Pearson de regarder à 11 heures et lui dit:

— Bob, l'aérodrome est par là.

— O.K.

Pearson avait confondu il ne savait quoi avec la piste. Il vira légèrement vers la gauche.

La voix de Len Daczko retentit dans le haut-parleur du cockpit.

— O.K., on dirait que vous êtes dans l'axe de la piste. Il vous reste environ 18 kilomètres à faire.

— D'accord. On y va. Est-ce que vous avez des secours... est-ce que vous allez pouvoir réunir tous les secours disponibles de la ville?

— Affirmatif. Nous allons contacter les autorités locales et rassembler tout ce que nous pouvons.

Sur son écran radar, Daczko avait repéré un écho non identifié, peut-être un petit avion privé, à environ 9 kilomètres devant l'appareil et légèrement à sa droite. Son pilote n'avait pas entendu ou voulu entendre les nombreux avertissements lancés pour dégager le secteur.

— Je vois un écho venant vers vous à une heure à environ, euh, neuf kilomètres. Déplacement lent, type et altitude inconnus.

— Compris.

Protégeant leurs yeux du soleil couchant, Pearson et Quintal regardèrent devant eux et finirent par repérer l'autre appareil, un petit point brillant sur l'horizon rougeoyant. C'était un petit avion privé navigant à vue qui n'était pas en contact avec le centre de contrôle. Pearson estima qu'ils allaient passer à au moins 3 000 pieds au-dessus de lui.

— L'aérodrome est en vue, dit le commandant à Daczko.

Ils étaient suffisamment proches à présent pour que Pearson aperçoive les balises signalant le chenal d'approche. Le commandant ne comprit pas qu'il y avait deux pistes devant lui. Pour lui, les balises signifiaient qu'il se dirigeait vers une piste en service.

En fait, on n'avait jamais retiré les vieilles balises d'approche. Elles signalaient l'approche non pas de la piste 32 droite, le site d'atterrissage utilisé actuellement par les petits appareils, mais de ce qui avait été la piste 32 gauche qui servait actuellement de piste de vitesse d'arrivée à l'Automobile Club de Winnipeg.

27

La cabine

Shauna Ohe et Michel Dorais réagirent différemment devant la crise. Dorais ronchonna que les instructions qu'on leur donnait manquaient de clarté. Préoccupé par ce qui se passait à l'intérieur de l'appareil, il ne se rendit pas compte que l'avion venait d'effectuer un virage de près de 180 degrés qui l'éloignait de sa destination initiale. « Nous allons atterrir à Winnipeg et nous allons débarquer », se dit-il pour se rassurer. Il refusait d'envisager autre chose.

A ses côtés, Ohe prit conscience d'un fait qui, étrangement, l'apaisa. Elle aimait cet homme de toute son âme. Elle allait mourir en tenant sa main. Elle allait mourir et elle était parmi les rares privilégiés à savoir que la mort est proche.

Solidement attaché à son siège près de l'aile gauche à l'arrière de l'appareil, prêt à bloquer l'aile tant que l'hôtesse Annie Swift n'aurait pas ouvert la porte de secours, Mike Lord était perdu dans ses pensées: « Mon dernier repas. J'ai mangé du poisson à mon dernier repas. Du poisson! » Puis des images horribles se bousculèrent dans son esprit. Il savait que les rescapés étaient rares dans les catastrophes aériennes, mais que se passerait-il s'il survivait ? « Je me demande

189

quelles parties de mon corps je vais perdre. Mes jambes ? Un bras ? Si je survis, est-ce que je ne vais pas le regretter ? Est-ce que je vais me retrouver amputé des deux jambes, cloué sur un lit de l'hôpital de Winnipeg pendant des mois ? Où va-t-on m'enterrer ? Est-ce qu'on va nous enterrer tous ensemble ? » Il pensa à sa famille, à ses amis, à sa cousine Debbie — qui attendaient à Edmonton un avion qui n'arriverait jamais.

La surface du lac Winnipeg semblait se rapprocher dangereusement. « Il va nous précipiter dans le lac, se dit Lord. Je suis foutu. » Mike Lord ne savait pas nager.

Au centre de la cabine, Chris Dion fixait sa mère sans rien dire. Dans les yeux du petit garçon de trois ans, on lisait à la fois de la peur et la conviction que sa mère s'occuperait de lui. Cédant à une impulsion, Pearl Dion détacha sa ceinture et prit son fils sur ses genoux.

Susan Jewett qui faisait un dernier tour d'inspection le lui reprocha gentiment:

— Il faut le remettre sur son siège.

— Non, je veux le garder avec moi.

Susan comprit et décida de ne pas insister. La place d'un enfant était dans les bras de sa mère. Elle s'éloigna.

Pearl Dion regarda son fils et se mit à sangloter sans bruit. Ses larmes vinrent se mêler à la chevelure fauve de Chris. L'enfant ne broncha pas.

Pieds nus, poches vides, la tête posée sur ses bras croisés, Bryce Bell se lança dans un monologue silencieux. Le petit visage de son fils Jonathan surgit devant lui. Il n'avait pas suffisamment joué avec lui. Il ne lui avait pas prêté suffisamment d'attention. Il ne l'avait même pas embrassé avant de partir ce matin. Quel souvenir cet enfant de trois ans allait-il conserver de son père ?

190

Et Margo? Si Dieu le tirait de là, il serait plus attentionné — il la traiterait mieux. Il essaierait de profiter davantage de la vie, il laisserait tomber ce fichu job et il ferait quelque chose de bien du reste de son existence. Il pensa à ses parents — ils étaient vieux — ce n'était pas bien de les quitter comme ça.

Bell sentait que l'avion descendait toujours, régulièrement, inexorablement, mais vite, trop vite. Il se mit à osciller, à ballotter et à tanguer. Bell se prépara au choc tout en continuant à prier silencieusement. «Mon Dieu, aidez-moi. Je vous en prie, aidez-moi. Sauvez-moi, mon Dieu.»

Par la fenêtre en ce bel après-midi ensoleillé de juillet, il ne voyait rien d'autre que de l'eau. «Mon Dieu, j'espère que nous plongerons dans l'eau. Si nous plongeons dans l'eau, je ne brûlerai pas. Le choc sera moins rude dans l'eau. Je ne veux pas qu'on tombe sur des arbres, je ne veux pas brûler. Mon Dieu, s'il vous plaît, faites que je ne brûle pas!»

28

Le cockpit

Rick Dion discutait de l'atterrissage avec Pearson et Quintal. La vitesse posait un problème. Il fallait une vitesse suffisante pour maintenir la sustentation. Si la vitesse chutait en dessous du point critique — et personne ne savait exactement où situer ce point — l'appareil décrocherait et piquerait vers le sol. Sans moteurs, le seul moyen pour Pearson de contrôler la vitesse était de jouer sur le degré de l'angle de piqué, qu'il serait obligé de diminuer en entrant dans l'air plus lourd à plus basse altitude. Inversement, une trop grande vitesse serait mortelle : ou l'appareil se désintégrerait à l'atterrissage ou il sortirait de la piste.

C'était surtout cette trop grande vitesse qui préoccupait Dion. L'énergie hydraulique minimale produite par la turbine à air dynamique n'était pas faite pour englober les becs de bord d'attaque des ailes ou les volets sur les bords de fuite. Lors d'un atterrissage normal, cela fournissait une sustentation plus grande qui permettait à l'appareil de ralentir jusqu'à environ 240 km/h. Sans leur aide, Pearson devrait toucher le sol à une vitesse d'environ 330 km/h. Il risquerait de faire éclater les pneus, ce qui aggraverait les choses. « Il va avoir un mal de chien à arrêter le bébé à temps », se dit Dion.

Assis sur son strapontin derrière Pearson, Dion passa toutes les données en revue : il n'y a plus de carburant à bord, cela élimine donc le feu. S'il ne parvient pas à la piste, il atterrira sur le plat, dans les champs. S'il doit se poser dans un champ, il atterrira train rentré, les moteurs vont se détacher, mais le tube central du fuselage tiendra probablement le choc.

Dion savait que l'appareil était conçu pour ce cas de figure. Les mâts des réacteurs étaient faits pour casser sous le choc de sorte que l'appareil puisse glisser sur les ailes. *Il nous reste une chance !* Il était content que Pearl et Chris soient assis au cœur même de l'appareil, au milieu du fuselage, à l'endroit qui lui paraissait le plus sûr.

« Je ne peux rien faire de plus ici, pensa-t-il. Je ferais mieux de repartir en cabine. Si l'atterrissage se passe mal, je serai plus utile là-bas. Avec eux. »

Il regarda Pearson. Le commandant transpirait à grosses gouttes. Sa position indiquait une concentration et une appréhension intenses. Il avait les mains crispées sur les commandes.

— J'y retourne, Bob.

— Eh.

29

La cabine

En revenant dans la cabine, Rick Dion découvrit des passagers terrifiés et hébétés. Tous étaient pieds nus. Certains s'étaient calés dans leur siège en empilant coussins et couvertures. D'autres étaient déjà en position d'atterrissage forcé. Une femme sanglotait.

Des têtes se relevèrent sur son passage. Il croisa des regards interrogateurs. Qui était donc cet homme en complet-veston qui venait d'émerger du cockpit ? « Ils ne savent pas ce qui se passe, se dit Dion. Après tout, cela vaut mieux. »

Dion arriva enfin près de Pearl qui attendait, inquiète, avec son fils sur les genoux. Elle lui demanda tout de suite ce qui se passait.

Dion sentit que tous ceux qui se trouvaient à portée de voix tendaient l'oreille. Il devait faire attention à ce qu'il allait dire pour ne paniquer personne.

— On va atterrir à Gimli et non à Winnipeg. Puis il ajouta : « Pour refaire un plein. »

— On a assez de carburant pour y arriver ? demanda Pearl.

— Oh oui ! Aucun problème, mentit Dion en pensant : « Je t'en prie. Change de sujet. »

Il prit délibérément la décision de garder ses chaussures aux pieds. Il savait qu'on demandait aux passagers

195

de se déchausser pour éviter qu'ils ne déchirent les toboggans d'évacuation. Il faisait partie d'Air Canada. Il était valide et avait bien l'intention d'être le dernier à descendre de l'appareil.

Pearl Dayment remarqua l'absence de bruit. L'énorme appareil fonçait vers le sol, et il n'y avait pas de bruit de moteurs ou de réacteurs.

— Tout ira bien, dit-elle pour rassurer sa sœur. Dieu va prendre soin de nous.

— J'espère que tu as raison, Pearl. J'espère qu'il t'entend. Nous allons affreusement vite.

Elle jeta un coup d'œil à l'extérieur. Le lac avait laissé place à des champs herbus qui se rapprochaient de plus en plus. Elle en avait suffisamment vu. Elle posa sa tête sur ses genoux et se raidit dans l'attente du choc inévitable. « Ce sera bientôt fini », pensa-t-elle.

Au moment où l'appareil perdit encore de l'altitude, un compartiment s'ouvrit et quelque chose s'écrasa sur le sol, ce qui fit sursauter Bryce Bell. Il respira profondément et se prépara au choc de l'impact. A ce moment-là, nous ne serons plus qu'une masse confuse d'humanité.

Ils étaient très bas. Par le hublot à sa gauche, il aperçut des golfeurs qui détalaient vers les arbres. « Bon Dieu ! je pourrais presque dire quels fers ils utilisent. On y est. On y est. »

Il regarda autour de lui. Devant lui, une vieille dame, des lunettes de lecture sur le nez, griffonnait sur un bout de papier. Bell comprit qu'elle rédigeait son testament. De l'autre côté, une jeune mère serrait un nourrisson dans ses bras en sanglotant sans bruit. Un enfant poussa un cri de douleur parce que la descente rapide lui faisait mal aux oreilles.

Bell pensa : « C'est une façon bien lente de mourir. »

Ken eut soudain l'impression d'être assis très loin de sa femme et de Heather. Peut-être devrions-nous nous rapprocher d'elles. Peut-être ferions-nous mieux de ne pas bouger. Tout arrive si vite... trop vite. Il regarda Crystal qui ne semblait pas se rendre compte de la gravité de la situation. Elle était si petite, si innocemment curieuse, qu'il ne parvenait pas à la convaincre de baisser la tête. Ken plaça une main devant lui pour se caler et, de l'autre, tenta d'immobiliser la tête de sa fille. Il avait l'estomac noué. « Oh, mon Dieu ! Qu'est-ce que j'aimerais être ailleurs. »

En jetant un coup d'œil par le hublot, Ken se rendit compte qu'ils tombaient rapidement. Il baissa le store. Il préférait ne plus rien voir.

Il avait l'estomac qui se soulevait. Il ne cessait de dire à Crystal : « Tout ira bien, chérie. Ne t'inquiète pas, tout ira bien... On va atterrir à Winnipeg, c'est tout... » Il serra les dents et se répéta : « Nous n'allons pas mourir dans cet avion. Non. Nous allons peut-être nous écraser, être blessés, mais je refuse de mourir et je refuse de perdre ma famille dans cet avion. » Il se raidissait dans l'attente du choc. Il avait les yeux grand ouverts. Il attendait le bruit de l'explosion du fuselage.

Il avait l'impression de planer dans le vide.

Pat Mohr n'avait jamais été prise dans un tel tourbillon d'émotions : elle se sentait perdue, elle s'inquiétait pour sa famille, elle avait froid, elle était terrifiée par cette mort brutale qui les attendait. Puis la tristesse envahit la jeune mère quand elle comprit que ses filles ne grandiraient jamais. Cette pensée la mit en colère. Elle ne savait pas contre qui elle était en colère, mais quelqu'un, quelque part, était responsable de la destruction de l'avenir de ses enfants.

Heather serra la main de sa mère en pensant : « Est-ce que cela va faire mal ? » Des larmes silencieuses se mirent à couler sur ses joues. Elle regarda par la fenêtre et ce qu'elle découvrit lui coupa le souffle.

Sa mère ferma le store. Elle voulait savoir ce qui se passait et, en même temps, elle ne voulait pas le savoir.

La cabine ressemblait à un sous-marin en train de couler sans bruit. Elle eut l'impression d'étouffer. Elle ignorait quand ils toucheraient le sol. Elle savait seulement que cela n'allait pas tarder.

Dans l'allée, Danielle Riendeau croisa Bob Desjardins qui lui dit :

— On descend très vite. Allez vous asseoir et attachez votre ceinture.

Au bout de dix ans de carrière, Riendeau n'avait que de vagues notions d'aéronautique. Elle ne pensait pas qu'un avion de ligne privé de moteurs puisse planer. Elle était persuadée que l'appareil allait bientôt tomber en torche sur le sol et exploser en un million de morceaux incandescents. Nous sommes morts ; nous sommes tous morts. Ce n'est pas la peine de... Nous sommes tous morts.

Pauline Elaschuk ne succomba à la terreur qu'à l'instant où Annie Swift l'aida à préparer son bébé pour l'atterrissage forcé. Swift tira deux couvertures du porte-bagages. Les deux femmes en firent un cocon pour l'enfant endormi. Puis Swift lui montra comment serrer Matthew dans ses bras, se pencher en avant et s'arc-bouter d'une main au siège avant.

— Si nous heurtons le sol, vous serez projetée en avant.

Pauline répéta les gestes à faire, essayant de trouver

la meilleure position pour ne pas écraser Matthew de ses bras.

— Vous vous en tirez très bien, lui dit Swift en lui tapotant l'épaule.

Quand Swift la quitta pour s'occuper d'autres passagers, Pauline eut soudain terriblement froid. Elle regarda son bébé et l'embrassa doucement.

« Peut-être que je ne t'embrasserai plus », pensa-t-elle.

Elle tourna la tête et entrevit son mari Richard et Stephen, leur fils de deux ans assis derrière elle. Elle murmura — ou pensa — « Je ne te reverrai peut-être jamais » et Richard comprit sans rien dire. Leurs mains s'effleurèrent.

— Susan, tu ferais bien de t'asseoir, dit l'une des hôtesses à Jewett.

Elle partit vers son poste, à l'arrière de l'avion, sur le strapontin à droite de l'office. Tout est si silencieux... Trop silencieux. Elle se sentit soudain totalement impuissante. « Je ne veux pas être infirme. Je préférerais mourir que de rester infirme. Mon Dieu, je veux voir grandir ma petite fille... Comment vont-ils s'en sortir? Puis elle pensa: j'aurais volé pendant dix ans. »

Swift regagna son siège au poste L2, à l'arrière gauche, à l'opposé de Jewett. L'intérieur de la cabine s'assombrit quand l'accumulateur de secours rendit l'âme. Swift savait qu'il n'avait que quinze minutes d'autonomie. Les lueurs de fin d'après-midi filtraient à travers les hublots.

— Oh, mon Dieu! dit Swift. Que va-t-il se passer? Est-ce que nous allons nous en tirer?

Elle regarda son amie Danielle Riendeau, assise de l'autre côté, sur l'aile gauche.

« Oh, mon Dieu ! pensa Swift. Elle n'a aucune chance de s'en tirer placée comme elle est. Si nous nous écrasons, tout va lui tomber dessus. Mon Dieu ! pourquoi faut-il qu'elle soit assise là-bas ? Comment vais-je la sortir de là ? »

Des passagers pleuraient doucement. La peur planait dans la cabine.

30

Le cockpit

— A quoi ressemble la piste ? demanda Pearson.

— Elle est, euh, utilisée par des vols VFR et des appareils de type DC-3, répondit Len Daczko.

— Compris. Et... il n'y aura rien sur la piste ? Personne ?

— Je ne sais pas. Je ne peux pas vous le certifier.

En temps normal, Pearson pouvait se fier à l'indicateur de pente de descente pour savoir s'il devait ou non augmenter ou réduire les gaz. Ou il pouvait programmer les ordinateurs pour l'atterrissage. Les trois pilotes automatiques agissaient alors de concert, se répartissant les tâches pour faire atterrir l'appareil en plein centre de la piste et appliquer ce qu'il fallait de freinage.

En temps normal.

Pour cet atterrissage, lui — et ceux qu'il transportait — devaient se fier à son savoir-faire et à son expérience.

A côté de son commandant, Quintal tenta d'évaluer l'approche, la distance qui les séparait du bout de la piste. Pour la vitesse descentionnelle, il ne pouvait que faire des hypothèses. On va y arriver, décida-t-il.

Un instant plus tard, son esprit se mit à hurler : « On n'y arrivera pas ! On descend trop vite ! »

31

La cabine

Nigel Field était fasciné par ce qu'il voyait par le hublot. Ils avaient l'air tellement près du sol, à frôler ainsi les arbres et les buissons, qu'il s'attendait à tout instant à ce que l'appareil heurte quelque chose. Il essaya d'imaginer la sensation qu'il aurait quand le moteur de l'avion toucherait le sol après un tonneau et que l'appareil exploserait. L'avion blessé devait foncer à plus de 370 kilomètres/heure. Son flegme céda la place à un amer sentiment de déception mêlé de peur. Field comprit que les autres passagers et lui ne survivraient pas.

32

Le centre de contrôle de Winnipeg

Dans la salle sombre du centre de contrôle de Winnipeg, un groupe d'hommes aux lèvres serrées se tenait autour de Len Daczko, le regard fixé sur l'écran de son radar. Ils partageaient tous l'angoisse des membres d'équipage et des « âmes à bord ».

Puis l'instant fatidique arriva où le vol 143 disparut de l'écran. Leur radar ne pouvait plus détecter la présence, ou l'existence, de l'appareil.

33

Winnipeg Beach

Robbie et Patti Dola se reposaient sur leurs transats dans le jardin de leur maison, à une dizaine de kilomètres à l'ouest de Winnipeg Beach. Le jeune couple avait passé un agréable après-midi à travailler dans son potager. Robbie venait de mettre des hamburgers sur le gril.

Soudain, il entendit un bruit étrange au-dessus de sa tête, une sorte de gémissement aigu à vous donner la chair de poule. Levant les yeux, il vit un avion à réaction, à neuf cents mètres du sol à peu près, qui se dirigeait vers le nord. Il n'avait jamais entendu un bruit pareil... Cela ne venait pas des moteurs.

— Cet avion a quelque chose d'anormal, dit-il à Patti, il n'a pas de moteurs.

Patti entr'aperçut la feuille d'érable sur la queue de l'appareil.

— On dirait un avion d'Air Canada.

Elle prit son appareil photo et fit quelques clichés.

L'appareil disparut de leur champ de vision.

Robbie courut vers le fond de son jardin, pour regarder par-dessus la haie. Mais l'avion avait bel et bien disparu. Il se dirigeait vers Gimli, mais il perdait trop rapidement de l'altitude de l'avis de Robbie. « Il n'atteindra jamais la piste », pensa-t-il.

207

Robbie et Patti sautèrent dans leur camionnette Ford noire et partirent dans la direction de Gimli, s'attendant à tout instant à entendre une explosion et à voir s'élever une colonne de fumée dans le lointain.

34

Le cockpit

Malgré l'absence de points de repère habituels, Pearson et Quintal étaient à présent convaincus qu'ils étaient trop haut — beaucoup trop haut. S'ils n'agissaient pas immédiatement, ils dépasseraient la piste et échoueraient quelque part dans les champs ou pire dans l'un des groupes de petites maisons qui bordaient l'aérodrome au nord.

Un instant, Pearson songea à virer de 360 degrés mais craignit de perdre trop d'altitude et d'arriver trop court. Un virage pareil risquait aussi de le désorienter.

Sortir le train allait diminuer leur vitesse.

— O.K., Maurice, sors le train.

Quintal mit le sélecteur commande de train hydraulique en position basse. Les deux pilotes attendirent le bruit rassurant du train qui se met en position et la vibration provoquée par l'augmentation de résistance. Mais rien ne vint.

Leurs regards se croisèrent. Il n'y avait pas suffisamment de pression hydraulique pour sortir convenablement le train. Allaient-ils être obligés d'atterrir sur le ventre, si tant est qu'ils atteignent la piste?

Quintal chercha la liste de vérification de la procédure de remplacement pour la sortie du train dans le manuel de référence rapide. Il ouvrit le manuel au chapitre consacré au train d'atterrissage mais l'index ne mentionnait pas de procédure de remplacement. Il feuilleta rapidement les pages du chapitre.

— Bob, je ne le trouve pas !

Il décida alors de se lancer.

— J'active le système de remplacement.

— Vas-y.

Quintal actionna le système de secours qui arrachait les chevilles de métal maintenant la trappe de train fermée. Les chevilles ayant sauté, la force de gravité ferait tomber le train.

— O.K., Bob, c'est le bon bouton ?

— Oui, confirma Pearson.

Quintal retira le cache du bouton, appuya dessus et ils entendirent le bruit rassurant des roues qui ouvraient la trappe. Ils sentirent la vibration produite par l'augmentation de résistance et ils se mirent à perdre plus vite de l'altitude.

Sur le tableau que Quintal avait devant lui, deux voyants lumineux verts indiquaient que les deux trains étaient sortis et verrouillés. Mais un autre voyant orange s'était allumé, leur signalant que le train avant était partiellement sorti mais pas verrouillé. Quintal comprit immédiatement pourquoi. Comme les trains se mettaient en place tout seuls, le train principal tombait vers l'arrière avec le vent, mais celui de l'avant devait résister au vent et, apparemment il n'y parvenait pas.

Quintal se plongea à nouveau dans le manuel pour chercher le passage relatif aux procédures d'urgence pour verrouiller le train avant. Il savait que pour quelque raison inexplicable, il ne trouverait pas ce renseignement dans le chapitre consacré au train d'atterrissage.

« Hydraulique ! C'est un système hydraulique. Je vais vérifier. » Il feuilleta rapidement le manuel. « Si vous perdez votre... » Non, ce n'est pas ça. « S'il s'agit de... » Non, ce n'est pas ça.

35

La cabine

La rêverie de Nigel Field fut interrompue par le bruit des trains d'atterrissage qui se mettaient en place. Cela l'étonna que le pilote ait encore le temps de tenter un atterrissage en règle. « Nous devons être tout près d'une grande surface plate en dur », pensa-t-il.

Au centre de la cabine, Rick Dion écoutait le bruit de la turbine à air dynamique située sous la soute arrière du train d'atterrissage principal droit. Grâce au bruit de la turbine, il pouvait dire à l'avance si l'appareil allait faire une correction de cap. Lorsque Pearson actionnait une commande, l'hélice de la turbine émettait un vrombissement sourd, en tentant de fournir l'alimentation hydraulique suffisante pour déplacer les ailerons, la gouverne de direction ou la gouverne de profondeur.
— Bien, dit Dion quand il entendit le bruit caractéristique du verrouillage du train d'atterrissage principal.
Cela signifiait que Pearson pensait pouvoir atteindre la piste de Gimli.

Ça y est, pensa Joanne Howitt. Elle serra son fils de trois ans contre elle tout en luttant contre ses larmes.

— Reste calme et tout se passera bien, répéta Bob Howitt. On va s'en sortir.

Joanne regarda son mari et comprit qu'il n'en était pas convaincu.

Bob reprit :

— Au moins, nous allons nous poser sur du dur, pas sur l'eau. « Ça peut être dur et horrible, se dit-il. L'appareil pourrait très bien pivoter et se mettre en travers. Est-ce qu'un avion pourrait basculer en avant et se renverser complètement ? Que va-t-il se passer quand nous toucherons le sol ou le dur ? »

Il sentit le train d'atterrissage se mettre en place. Il entendit le bruit du verrouillage, sentit l'appareil vibrer et perdre de la vitesse du fait de l'augmentation de la résistance au vent. Est-ce qu'il perd beaucoup de vitesse ? A-t-il fait une erreur en sortant son train et en perdant trop de vitesse ?

Richard Elaschuk était lui aussi très attentif aux mouvements des gouvernes. Chaque fois que le pilote actionnait une commande, Elaschuk entendait le grincement des moteurs des gouvernes et sentait la secousse.

Richard eut l'impression que son esprit se détachait de son corps. S'observant de l'extérieur, il se vit essayer de rassurer et de tranquilliser son fils de deux ans. Puis il se regarda. « Tu es pâle. Tu as les yeux écarquillés. Tu as la bouche sèche. C'est comme ça que ton corps réagit quand tu as... »

36

Le cockpit

Pearson était trop occupé pour remarquer que le train avant n'était pas verrouillé. Il avait un autre problème en tête. L'intuition et l'expérience lui dirent immédiatement que la résistance accrue du train d'atterrissage ne suffirait pas. Ils seraient encore trop longs et comme ils ne pouvaient ni actionner les dispositifs antidérapage sur les freins de roue, ni appliquer une poussée inverse aux moteurs, ils allaient dépasser le bout de la piste de beaucoup. Il fallait qu'ils perdent de l'altitude et vite.

Pearson tourna le manche vers sa gauche tout en écrasant simultanément la pédale de palonnier droite. A l'extérieur, les ailerons des bords de fuite des ailes réagirent à la commande du pilote, l'aileron gauche en se relevant, le droit en se rabattant, perturbant ainsi la circulation d'air. Normalement, cette manœuvre faisait virer l'appareil à gauche. Toutefois, à l'arrière de l'appareil, la gouverne pivota vers la droite, retenue dans cette position par la force du pied de Pearson sur la pédale, luttant contre la force des ailerons.

Répondant à ces commandes croisées, l'appareil s'inclina brusquement vers la gauche et perdit rapidement de l'altitude, tout en continuant à se diriger droit vers la piste.

Pearson venait de faire faire un glissement latéral au géant qu'est le 767, une manœuvre en principe inconcevable sur un avion de ligne à réaction.

37

La cabine

— Oh! fit Pearl Dion en sentant l'appareil s'incliner dangereusement vers la gauche et la descente s'accélérer.

« Oh, il le perd, pensa Dion. Il a tellement ralenti que la turbine à air dynamique ne fonctionne plus. L'appareil ne lui répond plus. S'il ne parvient pas à le maîtriser, si le bout de l'aile touche, tout est fini. »

Dion ne pensa pas une seconde que Pearson faisait une glissade sur l'aile avec un 767. S'il avait envisagé cette éventualité, il aurait conclu que Pearson ne maîtrisait pas suffisamment l'appareil pour tenter le coup. Il n'aurait pas cru que la turbine à air dynamique puisse fournir suffisamment de pression hydraulique, ni qu'il était humainement possible pour Pearson d'avoir la force de maintenir les commandes à des angles opposés.

On avait l'impression que l'appareil était sur l'aile. Du hublot gauche *en dessous de lui*, Dion vit des bunkers sur un parcours de golf. « Nom de Dieu! » marmonna-t-il en se laissant aller à la terreur et au désespoir.

Il entoura Pearl et Chris de ses bras forts.

« Je me demande ce que cela fait de mourir, pensa Pearl. Je ne vais pas tarder à le savoir. »

215

En sentant l'appareil s'incliner fortement, Michel Dorais regarda par le hublot et vit des golfeurs le contempler d'un air ahuri. Pour la première fois, il pensa à la mort.

Ohe s'accrocha à sa main.

— Je t'aime, Michel.

— Je t'aime, Shauna.

Ohe se mit à prier : « Je vous en prie, Seigneur, que mes enfants sachent combien je les aime. » Ce sera une mort très violente.

« Je manque d'air, pensa Danielle Riendeau. Je respire trop fort... » Elle s'attendit à ce que l'appareil tangue, pique du nez. Elle ferma les yeux. Ils étaient bas, très bas et ils inclinaient fortement vers la gauche. « Je ne veux pas avoir mal. Je ne supporterais pas d'être blessée. Je ne veux pas perdre un bras, ou une jambe. Je ne veux pas brûler. Faites que je ne sois pas blessée! »

Par le hublot, Riendeau vit le bout de l'aile se rapprocher du sol. Elle s'attendit à ce qu'elle heurte le sol, à ce que l'appareil fasse la roue. Elle ferma à nouveau les yeux et s'agrippa à son siège. Ses ongles déchirèrent le tissu.

De l'avant de l'appareil, s'éleva un cri :

— Calez-vous !

38

Gimli

A bord d'un Cessna 152, Colin Nisbet était en bordure de la piste 32 et s'apprêtait à décoller avec un élève. Les deux pilotes privés étaient au milieu de leurs ultimes vérifications quand une voix les interrompit. A travers les parasites, ils entendirent:
— Dégagez cette zone!
— Qui était-ce? demanda l'élève.
— Je ne sais pas, répondit Nisbet. Il regarda instinctivement vers le sud, car si un appareil était en difficulté, il arrivait vraisemblablement de Winnipeg. Puis il vit un 767 en approche finale sur ce qui avait été la piste 32 gauche.

39

Le cockpit

Quintal cherchait encore dans le manuel de référence rapide la façon de verrouiller le train avant quand la manœuvre de glissade sur l'aile de Pearson le colla contre le montant de son siège. Le manuel de référence rapide lui tomba des mains.

Il jeta un coup d'œil par la fenêtre du cockpit. Combien de temps leur restait-il? Il était suffisamment prêt du sol pour voir les traces de pneus sur la piste. Mais il ne vit rien d'autre.

Il y a des gens au milieu de la piste! Et ils ne peuvent pas nous entendre.

L'attention de Pearson était fixée sur l'entrée de piste. Enfin en terrain connu. Il devait évaluer leur vitesse de descente sans instruments et ne pouvait donc pas se permettre de détourner les yeux de son objectif. Il consacrait toute son énergie à maintenir la glissade. Il transpirait à grosses gouttes. Il grimaça pour obtenir une pente de descente qui amènerait l'appareil à l'entrée de piste à une vitesse d'environ 333 kilomètres/heure. L'ordinateur dans sa tête n'arrêtait pas de faire des calculs: ses mains sur le manche et ses pieds sur les pédales de plafonnier travaillaient à augmenter et diminuer la résistance, comme il l'aurait fait normalement avec la puissance motrice. L'appareil accélérait ou ralentissait, tombait plus vite ou, plus lentement. Chacun des infimes mouvements du pilote était amplifié par l'appareil.

Allons, petit. En plein dans le mille.

Pearson maintint la glissade pendant si longtemps que Quintal craignit que le bout de l'aile ne heurte le sol. L'appareil n'était plus qu'à quarante pieds (12 mètres) du sol quand Pearson relâcha les commandes.

Masse silencieuse, le 767 se stabilisa et fonça sur son objectif.

Quintal comprit que Pearson n'avait pas vu les gens sur la piste. « Dois-je le prévenir? Non, c'est trop tard. »

40

Gimli

Cam Berglind, treize ans, pédalait comme un fou pour dépasser ses copains dans cette course improvisée. Comme ses potes Art Zuke, quatorze ans, et Kerry Seabrook, onze ans, Cam pilotait son propre vélo de course. Cette beauté chromée coûtait mille cinq cents dollars — une dépense extravagante pour beaucoup de familles, mais c'étaient des fils de coureurs automobiles ; même leurs bécanes étaient faites pour faire de la vitesse.

Les fins d'après-midi étaient toujours le meilleur moment de la journée pour les garçons. Les courses étaient terminées pour la journée, le circuit était fermé et cela faisait un terrain de jeux idéal. Ils étaient partis vers le sud, s'étaient éloignés des camping-cars et des camionnettes garés à côté de la ligne droite et s'étaient rapprochés de l'entrée de l'ancienne piste 32 gauche.

Tout en pédalant furieusement, Cam leva le nez. C'est alors qu'il vit l'étrange silhouette d'un 767 silencieux, bizarrement incliné sur l'aile gauche. Il perdait rapidement de l'altitude. Cloué sur place, Cam vit l'appareil se stabiliser et pointer son nez sur lui. A cet instant, il sut qu'il allait mourir.

— Il est dingue, ce pilote ! hurla Kerry Seabrook.

Qu'est-ce qu'il fait, ce con? Il atterrit sur une piste de vitesse!

Les trois gamins firent demi-tour et s'éloignèrent à toute vitesse de l'envahisseur.

— Avion! hurlait-il. Accident!

Personne ne semblait l'entendre.

41

Le vol 155

Du cockpit du vol 155, qui voguait à 35 000 pieds au-dessus, le copilote Gilles Sergerie scrutait le ciel dégagé dans l'espoir d'apercevoir l'appareil en difficulté. Ayant servi dans l'armée de l'air canadienne, il connaissait Gimli. Se servant de cette petite ville comme point de repère, il finit par distinguer un point argenté qui devait être le vol 143 avec son ami et voisin Maurice Quintal à bord. L'appareil était dans l'alignement de la piste qui semblait minuscule, vue de cette altitude.

Sergerie continua à fumer cigarette sur cigarette en attendant la suite des événements. Le vol 155 laissait Gimli à sa droite. Personne ne pouvait rien faire. Le destin du 767 était entre les mains de Bob Pearson et de Maurice Quintal.

Sergerie se sentit complètement impuissant quand il vit le point minuscule aborder l'entrée de la piste. Puis il vit un champignon de fumée blanche s'élever et envelopper l'appareil.

42

Le cockpit

A 1 h 38 GMT ou 20 h 38, heure locale, vingt-neuf minutes après l'apparition du premier problème, le vol 143 toucha lourdement la piste en tanguant.

Le point d'impact normal est à 300 mètres de l'entrée de la piste. Pearson atterrit presque dans le mille, réussissant le prodige de poser un appareil sans moteurs à 243 mètres de l'entrée de piste. Mais ce n'était pas le moment de savourer l'événement. Deux pneus du train principal éclatèrent. La nacelle du moteur droit racla le sol. Il avançait à 315 kilomètres/heure, beaucoup plus vite que la normale et il devait arrêter l'appareil avant qu'il n'aille heurter un obstacle.

Pearson écrasa le bloc pédales avec ce qu'il lui restait de force pour activer les freins. Le nez s'abaissa. Il attendit le bruit familier du train avant qui touche terre. Au lieu de cela, il entendit ce qui ressemblait à un coup tiré par un fusil de chasse de calibre 12. Ils glissaient à présent le long de la piste sur le nez, au milieu d'une cascade d'étincelles.

Levant les yeux pour regarder la piste, Pearson aperçut l'ombre d'un gamin sur un vélo et se vit confronté à la décision la plus pénible qu'il ait eu à prendre en vingt-six ans de carrière.

« Il n'est pas question que je touche quelqu'un, se dit-il. S'il le faut, je sortirai de la piste. »

43

Gimli

La douceur de cet après-midi d'été incitait au repos. Tout le long de la dernière piste de vitesse, le bruit caractéristique des canettes de bière que l'on débouche se mêlait aux rires des enfants en train de jouer sur le ruban de béton qui était jadis la piste 32 gauche.

David Glead et sa femme Linda Jackson surveillaient la cuisson des steaks qu'ils faisaient griller pour Jennifer, la sœur de David, et son mari Steve Barrow venus de Vancouver pour les voir. La Lotus Cortina noire de David revêtue d'un flamboyant « 95 » était garée près de leur camping-car.

A sa droite, David entendit un gémissement de pneus. Jetant un coup d'œil, il fut surpris de découvrir un avion en train d'atterrir. Cette vision éveilla la curiosité de David qui avait une passion pour les avions de ligne. Il se tourna vers Linda et lui dit tranquillement :

— C'est un 767 flambant neuf. C'est un appareil superbe.

Puis il fit volte-face et sa curiosité se mua en peur. L'appareil semblait être quatre fois plus gros.

— Mon Dieu ! s'écria-t-il. Mais il est énorme.

Le brigadier Bob Munro et le gendarme Roy Fenwick

227

de la police montée étaient en patrouille. Ils avaient poussé jusqu'à Fraserwood, à une quinzaine de kilomètres à l'ouest de Gimli, et ils étaient sur le chemin du retour. Les deux hommes se retrouvèrent sur la route à deux voies qui passait au nord de l'aérodrome. Ils étaient presque à côté de la piste quand un appel radio les prévint qu'un Boeing 767 venait se poser à Gimli avec des réservoirs vides et une charge d'« environ cent passagers ».

En regardant à leur droite, ils virent que l'avion venait juste de toucher le sol. Son nez heurta violemment la piste et disparut dans un nuage d'étincelles et de fumée.

— Bon Dieu! Te retourne pas, hurla Munro.

Cam Berglind s'approchait du camping-car de Pat et Jo-Ann Barry qui était garé à l'extrémité sud de la zone de course parce que Pat était le responsable chargé d'inspecter les voitures avant la course.

Cam risqua un coup d'œil rapide par-dessus son épaule. L'appareil était sur la piste à présent. Il vit le nez rebondir contre le sol et disparaître dans un nuage de fumée.

— Avion. Accident! répéta Cam.

— Au feu !

Pat Barry prit ses deux fils sous le bras et hurla à sa femme de s'enfuir.

Jo-Ann faisait la vaisselle dans le camping-car. Elle entendit le cri de son mari, regarda par une fenêtre et le vit partir en courant avec leurs deux fils. Se tournant vers l'autre fenêtre, elle vit des gens qui se précipitaient vers elle avec des extincteurs. « Notre camping-car flambe », pensa-t-elle.

Elle se rua dehors et se rendit compte que les gens couraient toujours. Elle se tourna vers le bord de la piste et écarquilla les yeux.

Un nuage de fumée s'approchait. Vite! Comme un dragster en feu. Il se rapprochait à une vitesse alarmante. Jo-Ann comprit alors qu'il ne s'agissait pas d'une voiture, mais d'un avion en flammes.

44

La cabine

Susan Jewett sentit l'appareil heurter le sol, rebondir, le toucher à nouveau et continuer sa course à une vitesse folle. « Ça y est, c'est fini... Oh, mon Dieu! Victoria... Comment mon mari va-t-il faire pour élever une petite fille d'un an tout seul? Oh, Victoria, je voulais tant te voir grandir... Je voulais te donner des frères et des sœurs... »

« Qu'y a-t-il devant nous? Dans quoi allons-nous nous écraser? Quelle sensation cela fait-il d'exploser en morceaux? » Nigel Field savait que ce serait ses dernières pensées.

Plié en deux sur son siège pour protéger son bébé de trois mois, Bob Howitt attendit le choc final. Il sentit le nez de l'avion plonger et l'odeur âcre du métal raclant la pierre lui monta aux narines.

Richard Elaschuk se tenait bien droit, son bras gauche posé sur le dos de son fils Stephen. Du hublot, il vit qu'ils venaient de toucher une surface qui ressemblait à une piste.

Patt Mohr sentit le fuselage trembler. Elle se raidit. Elle serra la main de Heather en attendant d'être engloutie par les ténèbres.

45

Le cockpit

Ne disposant plus d'un train avant pour guider l'appareil, Pearson recourut au freinage différentiel, appuyant alternativement sur la pédale de frein gauche et la pédale de frein droite pour que l'avion reste au milieu de la piste. Il vit d'autres gens s'enfuir vers sa gauche. « Tiens-le, tiens-le », se dit-il, évaluant l'instant où il devrait peut-être virer à droite hors de la sécurité relative de la piste.

Un nouvel obstacle apparut sous ses yeux. Une barrière de sécurité courait au milieu de la piste. Pearson écrasa le frein droit. L'appareil fit une embardée et le côté gauche de son nez arracha les poteaux de bois de la barrière.

46

La cabine

Le front dégoulinant de sueur, Bryce Bell attendait l'explosion finale, la boule de feu de souffrance et le trou noir. Il entendit des craquements. « Des poteaux téléphoniques, mon Dieu!, nous heurtons des poteaux téléphoniques. »

47

Gimli

Debout sur le bord de la piste, David Glead était figé sur place. L'avion arrivait si vite. Il était sûr que le pilote ne pourrait pas l'arrêter et qu'il allait s'écraser contre les voitures de course, les barbecues et les gens. Certains couraient. D'autres, comme Glead, étaient incapables de faire un geste.

Un nuage de fumée s'éleva du nez du 767 quand celui-ci heurta les poteaux de bois de la barrière de sécurité. Puis David vit et entendit l'appareil ralentir et stopper net.

Le silence tomba sur la scène. Au milieu de la piste, se dressait un appareil immobile, enveloppé de fumée.

48

La cabine

Le corps de l'avion était intact. Ils étaient sur le plancher des vaches. Les passagers poussèrent des hurlements de joie quand ils prirent conscience qu'ils étaient vivants.

Il y eut des hourras et des applaudissements.

Les agents de bord se mirent au travail. Ils avaient atterri, c'était un fait, mais le risque d'explosion ou d'incendie, ou les deux, était encore très réel.

— Allons, venez! Il faut que nous sortions d'ici!

49

Le cockpit

Pearson et Quintal n'eurent qu'un instant pour réfléchir au fait qu'ils avaient bien atterri sains et saufs.

De la fumée provenant d'une source inconnue envahissait le cockpit. « Le feu ! » pensa Pearson. Il n'y avait pas de plus grand danger pour un pilote d'avion.

Les deux pilotes firent une dernière vérification. Quintal désactiva la régulation carburant pour parer au risque d'explosion puis se rendit compte de l'absurdité de son geste. Il n'y avait pas de carburant à bord !

Pearson tira la manette de frein de stationnement, ce qui était également inutile. Les deux pilotes coupèrent l'alimentation d'huile et les systèmes électriques et hydrauliques. Ils coupèrent l'accumulateur et vérifièrent une dernière fois que tous les systèmes étaient désactivés.

La fumée était maintenant tellement épaisse que c'est à peine s'ils pouvaient respirer.

50

Gimli

Toujours sur son vélo, Cam Berglind arriva près d'un petit bâtiment à côté de la bordure ouest de la piste. Il tomba sur un groupe de vingt ou trente membres de l'Automobile Club de Winnipeg qui parlaient des résultats de la chasse au trésor. A cause du bâtiment qui leur bloquait la vue, ils ignoraient tout de l'accident et n'avaient absolument rien entendu.

— Un avion s'est écrasé ! Un avion s'est écrasé ! hurla Cam.

« Ce garçon a beaucoup d'imagination », se dit Kevin Lloyd. Néanmoins, il fit le tour du bâtiment, s'attendant à voir un petit Cessna un peu amoché. A la place, il découvrit un 767 long de 50 mètres, nez piqué vers le sol, d'où s'échappait une épaisse fumée noire.

Lloyd se rua sur sa voiture et se mit à chercher frénétiquement sa trousse de secours.

— Mais où est donc cette foutue trousse ? s'écria-t-il, furieux.

Deux de ses amis entendant son cri de désespoir lui rapportèrent sa trousse. Ils la lui avaient empruntée pour soigner leur vieux chien de berger qui s'était abîmé les coussins de ses pattes en courant sur le bitume.

Lloyd s'empara de la trousse et partit en courant vers

l'avion. Il croisa un homme qui courait en sens inverse en hurlant:

— Il va exploser!

— Apportez les extincteurs! cria quelqu'un.

— Éloigne-toi, ordonna Keith Berglind à son fils. Puis il courut rejoindre les autres.

David Glead et d'autres membres du club prirent les extincteurs placés à intervalles réguliers le long de la piste. La fumée tournoyait autour du nez de l'appareil.

En se rapprochant du 767, Glead vit les premiers toboggans d'évacuation s'ouvrir et il comprit que les membres d'équipage tentaient d'évacuer les passagers. Il fallait faire vite.

« Suis-je morte? se demanda Danielle Riendeau. Non, nous avons atterri. Nous avons atterri sans les moteurs. Nous sommes vivants. Vraiment! » Comme détachée d'elle-même, elle se regarda défaire sa ceinture et se diriger d'un pas vif vers la sortie de secours sur l'aile gauche.

Une petite fille était assise près de la fenêtre, immobile, malgré la fumée qui envahissait la cabine.

— Ouvrez la fenêtre, cria Riendeau à l'adolescente.

Se penchant au-dessus d'elle, Riendeau donna un grand coup d'épaule contre la porte qui s'ouvrit. Elle n'aurait pas cru posséder une telle force. Puis elle fit un pas de côté pour laisser passer les passagers. Ils traversèrent l'aile et se laissèrent glisser sur les toboggans.

Avec une rapidité qui frisait la panique, Michel Dorais conduisit Shauna Ohe vers la sortie de secours de Riendeau sur l'aile gauche. Le temps semblait immobile dans cette fumée qui épaississait.

En arrivant à la porte, Ohe regarda en bas et se figea. Elle était censée descendre sur l'aile, puis sauter dans un toboggan d'évacuation. Le sol avait l'air d'être terriblement loin. Dorais la poussa sur l'aile. Quand elle se décida à sauter dans le toboggan, elle se rendit compte que Dorais était resté dans la cabine.

Ohe glissa jusqu'en bas, rebondit sur le bitume et atterrit sur le dos. Elle se remit péniblement debout et grimaça de douleur. L'idée que Michel soit resté dans la cabine la terrifiait.

En un mouvement, Nigel Field décrocha sa ceinture et se leva. Il posa la main sur l'issue de secours sur l'aile droite.

— Ne l'ouvrez pas, dit Desjardins.

Pour une raison inconnue, les passagers ignoraient cette issue de secours. Certains partaient dans le sens opposé, vers l'aile gauche, mais la plupart se précipitaient vers l'arrière. Field perçut un bruit de sanglots qui semblaient provenir de l'arrière. Des sanglots étouffés d'adulte. Il entendit une hôtesse lui dire :

— Pourriez-vous aller aider les gens à traverser ce...

Elle montra du doigt l'avant de l'appareil. Ce n'est qu'à ce moment-là que Field se rendit compte que la cabine se remplissait de fumée. C'était pour cela que tout le monde se ruait vers l'arrière, loin de ce qui flambait. Le spectre de Cincinnati hantait la cabine.

Field courut vers la fumée, vers la minuscule cabine des premières classes. Puis il se dirigea vers la porte avant droit. Elle était ouverte et le toboggan était déployé.

Une femme d'une cinquantaine d'années se tenait près de la porte, inquiète et perdue. Field l'aida à s'installer sur le toboggan puis repartit dans la cabine des premières classes pour vérifier qu'il n'avait oublié personne. Rassuré de la trouver vide, il fut soudain envahi d'une désagréable sensation de solitude. Il se retrouvait tout seul dans un avion en feu et pourtant, il ne ressentait pas le besoin de sortir.

Il jeta un dernier regard autour de lui et marcha

lentement, prudemment vers l'issue de secours avant droit et se laissa glisser jusqu'au sol.

Quand Rick Dion vit la fumée, il pensa immédiatement: « Il ne faut pas moisir ici. »

— Allons-y, dit-il.

Serrant son fils de trois ans dans ses bras, Dion guida sa femme jusqu'à l'issue de secours sur l'aile gauche. On évacuait déjà des passagers.

— Je vais descendre avec Chris, dit-il à sa femme. Dès que tu seras en bas, éloigne-toi de l'appareil.

Pearl était devant lui quand ils arrivèrent devant l'issue de secours.

— Vas-y, saute!

Pearl regarda l'impressionnante hauteur de chute.

— Je ne peux pas. Je ne peux pas!

— Je vais descendre avec Chris. Il n'y a rien d'autre à faire.

Son fils serré contre lui, il sauta dans le toboggan. Il heurta le bitume pieds devant et fit la culbute. Son corps absorba le choc. Mais Chris n'eut rien.

Dans l'avion, Pearl hésitait encore. Soudain quelqu'un la poussa dans le toboggan. Les Dion coururent se mettre à l'abri.

Dès l'instant où l'appareil s'était immobilisé, Mike Lord avait détaché sa ceinture et couru vers l'aile à l'arrière gauche de la cabine, pour bloquer la sortie jusqu'à ce que Swift ait ouvert la porte et déployé le toboggan. Des passagers livides se précipitaient vers lui.

— O.K., allez-y, Mike! lui cria Swift.

Lord se tourna et regarda fixement la porte ouverte, surpris de voir à quel point le sol semblait loin. C'était aussi haut qu'un immeuble de trois étages!

Ce n'était pas le moment de discuter. L'appareil

pouvait exploser d'une seconde à l'autre. Croisant les bras sur sa poitrine, pour que la surface rugueuse du toboggan ne lui arrache pas sa peau nue, Lord s'élança dans l'espace. Il retomba assis dans le toboggan et prit tellement de vitesse qu'il s'accrocha instinctivement aux bords. Le frottement lui arracha la peau de la paume de ses mains.

A l'arrière de l'appareil, du fait de l'élévation de la queue, le toboggan s'arrêtait à environ un mètre au-dessus du sol. Lord s'écrasa contre le bitume. Projeté en avant, il fit une culbute et se retrouva à plus de trois mètres du toboggan. Il se redressa d'un bond et revint en courant vers le toboggan pour aider les autres.

— Allez, tout le monde dehors! dit Jewett, criant presque.

Lorsqu'elle ouvrit l'issue de secours à l'arrière droit de l'appareil et déploya le toboggan, sans se rendre compte de l'inclinaison de l'appareil, elle fut prise de colère en voyant le toboggan s'arrêter à un mètre du sol. Ils sont dingues de penser que les gens vont sauter là-dedans. C'est ridicule. Les passagers venaient d'échapper à la mort et ils allaient se rompre le cou à cause d'un toboggan trop court.

Son passager valide fut le premier à se lancer. Il rebondit sur la piste, se redressa tout de suite et courut se mettre à l'abri.

— Revenez! hurla Jewett. Il faut que vous aidiez les autres.

Il l'entendit, revint sur ses pas et prit son poste à la base du toboggan.

Une femme âgée était assise seule, quelques rangs devant Ken Mohr. Il songea un instant à l'aider mais sa famille devait passer d'abord. Il prit la main de Crystal et se dirigea vers la porte de secours derrière lui, se sentant un peu coupable d'abandonner la vieille dame.

A la porte, Crystal prit peur.

— Non, je ne veux pas y aller!

— Allons, on y va, dit son père.

Il installa la petite fille entre ses genoux et s'élança. A l'arrivée, ils rebondirent sur le sol. Il déchira le fond de son pantalon sur le bitume.

De l'autre côté de l'appareil, Pat et Heather hésitaient devant la hauteur de la chute. Heather résista, comme sa sœur.

— Dépêchez-vous, leur dit l'hôtesse.

Sans ses lunettes, Pat était incapable d'apprécier l'angle du toboggan, mais Heather eut l'impression de se jeter du haut d'un gratte-ciel. Elle tira sa mère de côté pour laisser le passage à d'autres passagers. La gamine de onze ans pleurait et frissonnait.

— Viens! On y va maintenant! lui dit Pat.

Serrant la main de sa fille, Pat força Heather à s'installer sur le toboggan. Elles glissèrent rapidement jusqu'en bas, côte à côte. Heather atterrit sur le pied du passager qui la précédait. Voulant dégager le passage rapidement, Pat fit une culbute arrière qui la laissa complètement étourdie.

Regardant sous la queue de l'appareil, Ken Mohr vit sa femme et sa fille rebondir sur le bitume. Tirant Crystal par le bras, il contourna l'arrière de l'avion en courant pour les rejoindre. Il prit sa femme dans ses bras et, pour la première fois depuis que ce cauchemar avait commencé, Pat Mohr se laissa aller à sangloter de soulagement.

Lillian Fournier et Pearl Dayment se regardèrent, étonnées d'être en vie et en un seul morceau. Elles n'eurent pas le loisir de se réjouir.

— Nous ne sommes pas encore tirées d'affaire! Venez vite! leur dit Susan Jewett.

Lillian passa la bride de son sac autour de son cou et

prit ses chaussures. Elle eut du mal à se diriger dans l'allée sans ses lunettes. Pearl l'aida. Elle arriva à la porte de secours à l'arrière droit de l'appareil et, clignant des yeux, essaya de se concentrer sur le toboggan. Elle avait toujours eu le vertige et l'angle et la hauteur du toboggan la terrifièrent.

— Non, je n'irai pas.

— Allez-y. Il vaut mieux se casser un bras que de sauter dans une explosion !

— Non, pas question, répéta Lillian.

— Allez-y. Tout de suite !

Le ton de la jeune femme eut raison de sa résistance. Lillian fit ce qu'on lui disait et s'assit au bord du toboggan. Bras repliés, elle s'élança, jupes au vent. En bas, elle glissa, pieds en l'air, et heurta le sol avec son crâne. Elle perdit connaissance.

Deux hommes vinrent la relever et la soutinrent pendant qu'elle reprenait vaguement ses esprits.

C'était au tour de Pearl d'y aller.

— Vous ne pouvez pas emporter ça avec vous, dit Jewett en montrant le sac et les chaussures. Il fallait avoir les mains libres pour s'équilibrer sur le toboggan.

« Si je me tue, je n'aurais pas besoin d'argent », se dit Pearl. Elle rangea son sac et ses chaussures près de la porte de secours, grimpa sur le toboggan et glissa vers le sol. Lorsqu'elle arriva en bas, elle avait les bras en sang.

Rejoignant sa sœur un peu étourdie, Pearl se mit à courir de toutes ses forces. Puis elle s'arrêta, se retourna et regarda fixement le gros avion blessé qu'elle venait de fuir. Une fumée épaisse sortait de l'emplacement du train avant.

Pearl dit une prière.

Après avoir poussé Shauna Ohe sur le toboggan, Michel Dorais repartit en trébuchant dans la cabine enfumée. Il vérifia chaque siège pour s'assurer que l'on n'oubliait personne. Il y avait eu peu de passagers à l'avant et ils avaient tous été rapidement évacués.

Lorsque Dorais atteignit la porte avant gauche, la fumée était si épaisse qu'il y voyait à peine. Se rendant compte qu'il était devant l'issue de secours et voyant le bord du toboggan, il se lança, pensant glisser jusqu'au bitume. Il eut la surprise de rebondir tout de suite sur du dur. A l'avant, le fuselage touchait le sol.

Il jeta un coup d'œil sous l'aile gauche. Ohe était toujours à côté du toboggan, chancelante à cause de son dos endolori. Il courut vers elle et ils tombèrent dans les bras l'un de l'autre.

« Michel est un héros ! pensa-t-elle. Il est resté dans la cabine pour aider les autres. »

— Vite, dit Dorais. Il faut qu'on file d'ici.

Pauline Elaschuk s'était immédiatement levée, son bébé serré contre son cœur, prête à foncer vers l'issue de secours à l'arrière de l'avion.

— Attends qu'ils gonflent le toboggan, lui dit Richard.

L'allée était pleine de passagers attendant leur tour. A la vue des tourbillons de fumée sortant du cockpit, Pauline et Richard Elaschuk se souvinrent de la catastrophe de Cincinnati.

Richard détacha la ceinture de son fils et la famille se joignit à la queue de passagers. Pauline vit une femme âgée qui était devant elle s'élancer sur le toboggan et tomber face en avant sur le sol avec un bruit sinistre.

« Mon Dieu ! Je vais tuer mon enfant », se dit Pauline. Jusque-là consciente de son impuissance, elle s'était résolue à accepter les diktats du destin. Une fois au sommet du toboggan, elle se vit heurter le sol écraser Matthew sous elle.

Les autres derrière elle lui hurlaient d'avancer. La fumée s'épaississait. « Je suis censée sauter et tuer mon bébé ? » pensa-t-elle.

Les premiers passagers étaient arrivés au sol à une telle vitesse que Mike Lord n'avait pas pu les empêcher de faire la culbute. Il essaya une approche différente. Debout sur un côté, il tenta d'attraper les passagers sous les aisselles. Cela lui permit d'amortir un peu leur chute mais, comme il se le dit en grommelant, « Ça ne les empêche pas d'atterrir sur les fesses ! »

Il entendit une femme qui hurlait à la porte de secours :

— Attrapez mon bébé !

En levant les yeux, il vit Pauline Elaschuk qui serrait son bébé contre elle.

— Attrapez mon bébé, reprit-elle sur un ton menaçant.

— Sautez. Je le rattraperai, lui promit Lord.

Pauline s'élança, tendue, en tenant son bébé serré contre elle. Lord plongea pour la retenir par les aisselles et amortir sa chute. Elle atterrit sur les fesses, avec Matthew dans les bras. Lord l'aida à se relever et se remit en place en bas du toboggan.

Regardant autour d'elle, Pauline Elaschuk se rendit compte que la plus grande confusion régnait autour d'elle. De la fumée s'échappait du poste de pilotage. Malgré le risque évident d'explosion, les passagers tournaient en rond sur la piste. « Bande d'imbéciles ! pensa-t-elle. Courez donc ! » Mais elle aussi resta sur place. Il n'était pas question de s'en aller sans Richard et Stephen.

Du haut du toboggan, Richard hurla à Mike Lord :

— Moi aussi, je descends avec un gosse.

— O.K. !

« C'est stupide, comme pente, pensa Richard Elaschuk. C'est presque à pic. »

Il sauta dans le toboggan en tenant Stephen serré contre lui. Ils foncèrent sur Mike Lord qui les bloqua tout en gardant son équilibre. Richard tomba sur le côté gauche, se cognant le coude et le genou contre le dur, mais réussit à protéger Stephen.

Il se remit debout, heureux de voir que Pauline et Matthew étaient sains et saufs. Instinctivement, la famille s'éloigna du danger au pas de course.

Courant toujours, Richard lança un coup d'œil à l'avion par-dessus son épaule. La nacelle du moteur de son côté n'était qu'à soixante centimètres du sol.

— C'est incroyable que ce moteur n'ait pas touché le sol, que nous n'ayons pas fait la culbute, marmonna-t-il.

Un homme se matérialisa devant eux, arrivant du bout de la piste.

— Puis-je vous aider ? Voulez-vous que je prenne le bébé ?

Pauline était à bout de souffle.

— Non. Ça va. Mais les autres ont peut-être besoin de votre aide.

Les Elaschuk se remirent à courir vers une camionnette. On les aida à se hisser à l'intérieur.

Pauline sentit que son corps se mettait à trembler d'une façon incontrôlable. Maintenant qu'ils étaient à l'abri, elle pouvait se laisser aller à pleurer.

Comme une mère inquiète qui compte les doigts et les orteils de son nouveau-né, Bryce Bell se tâta des pieds à la tête. Il n'arrivait pas à croire qu'il était encore entier. Lui qui s'était préparé au pire, voilà qu'il se retrouvait bien vivant. Il eut une poussée d'adrénaline.

Il bondit de son siège et, prenant la gamine de neuf ans qu'on lui avait confiée dans ses bras, il se dirigea vers l'arrière de l'appareil. Il regarda la mère de la gamine glisser sur le toboggan avec sa plus jeune fille sur ses genoux. Elle tomba en arrière à l'arrivée, heurta le sol avec sa tête et rebondit sur le dos. Convaincu que l'avion allait exploser, Bell s'assit en haut du toboggan, installa la petite fille devant lui, lui passa un bras autour de la taille et s'élança vers le sol. Ils glissèrent rapidement jusqu'en bas. Bell atterrit sur les fesses et lâcha un cri. La mère lui prit la gamine des bras et l'emmena à l'abri.

Bell se releva et revint aider les autres. Une femme d'environ quatre-vingts ans arrivait. Il tendit les bras vers elle au moment où ses pieds touchaient la piste. Il la rata et elle se cogna la tête contre le bitume. Ses yeux chavirèrent. Bell ne savait pas si elle était morte ou inconsciente.

— Bon Dieu! marmonna-t-il.

Il la hissa sur son épaule et se mit à courir vers l'herbe en bordure de piste et l'allongea doucement par terre.

— Revenez! Il faut que tous les passagers restent ici, lui hurla Susan Jewett.

— Bon Dieu! fit Bell.

Il revint vers la femme étendue sans connaissance par terre, la reprit dans ses bras et se dirigea vers un groupe de passagers et de membres d'équipage. Bell avait affreusement mal aux chevilles.

Confiant la femme aux autres, il regarda autour de lui pour s'orienter.

Du haut du toboggan, Jewett le regarda avec admiration. Pendant le vol, il avait été un passager râleur. Et c'était lui qui était venu en aide à cette femme!

Les Mohr attendaient soulagés près de la base du toboggan à l'arrière de l'appareil quand une hôtesse leur cria:

— Dépêchez-vous! Ne nous attardons pas ici.

Elle offrit de porter Crystal mais Pat refusa d'un haussement d'épaules et serra sa fille contre elle.

— Viens, sortons d'ici, fit Ken.

La famille courut jusqu'à ce qu'elle rencontre une clôture.

— Qu'est-ce que cette clôture vient faire ici? dit Ken. C'est bizarre de voir une chaîne à côté d'une piste!

Puis il vit un homme passer à côté de lui qui courait vers l'appareil avec un extincteur à la main. Qu'est-ce que c'est que ce dingue? Ce n'est pas avec un extincteur qu'on éteint un incendie à bord d'un avion. Il jeta un coup d'œil autour de lui.

— Ce n'est pas Winnipeg. Où sommes-nous?

Il entendit quelqu'un parler de Gimli et essaya de situer cette ville. Il connaissait un vin qui s'appelait Gimli Goose et qui se vendait 2,98 dollars la bouteille, mais il ne savait pas qu'une ville portait ce nom.

Un sentiment d'euphorie le gagna et il songea au talent du pilote qui les avait ramenés à terre sains et saufs. C'est grâce à lui que nous sommes vivants. Il chercha le pilote des yeux; il voulait lui serrer la main.

Joanne et Bob Howitt étaient restés assis à leurs places pendant que les autres passagers se ruaient vers la sortie. Ils ne voulaient pas être pris dans une bousculade dangereuse pour les enfants.

Lorsque les allées furent dégagées, ils partirent vers l'arrière. Joanne par l'allée droite en tenant Brodie par la main. Bob, par l'allée gauche, serrant Katie, toujours dans son porte-bébé, contre lui.

Lorsqu'ils arrivèrent près de l'issue de secours de l'arrière gauche, ils hésitèrent. C'était presque à pic. La hauteur était terrifiante. Joanne vit une femme s'étaler par terre.

— Oh! mon Dieu!

— J'ai peur, dit Brodie en pleurnichant.

Sa mère tenta de le calmer.

— C'est comme un toboggan, Brodie. Je te tiendrai. Promis.

Elle s'assit, prit Brodie sur ses genoux, et s'élança. La mère et le fils dévalèrent le toboggan et s'écrasèrent sur le sol. L'enfant fit un vol plané, se cogna la tête en retombant et fondit en larmes.

Joanne se précipita vers lui. Il avait le bout du nez écorché et des égratignures qui saignaient un peu, mais il semblait aller bien.

— Courez! lui dit un homme.

Joanne leva les yeux et reconnut celui qu'elle avait surnommé le pasteur. Il leur faisait signe de s'éloigner de l'appareil.

— Mon mari est encore dedans.

Sans hésiter, le pasteur prit Brodie dans ses bras et partit en courant. Joanne regarda autour d'elle, puis vers le toboggan, cherchant son mari des yeux.

« Pas question que je descende par là, pensa Bob. C'est trop dangereux. » Il passa à l'autre issue de secours, celle par laquelle sa femme était passée. Par là non plus. Je risque de faire la culbute, d'atterrir face en avant et d'écraser Katie.

— Sautez! Allez-y, dit une hôtesse. Et éloignez-vous de ce foutu appareil. Mettez-vous à courir dès que vous êtes en bas.

— Une minute. J'ai un bébé dans les bras.

L'hôtesse prit la main de Bob et ils s'assirent côte à côte sur le toboggan. Pendant les quelques secondes que prit la descente, Bob se dit: « Atterris sur le derrière. Lance tes pieds en avant et atterris sur les fesses. Ne tombe pas sur le bébé. »

En approchant de la base du toboggan, il leva les pieds en l'air. Puis, à l'instant où il s'envolait, Mike Lord surgit de nulle part, attrapa Bob par un bras, passa son autre bras derrière son dos et le déposa lui et Katie sur le bitume.

« Nom de Dieu! se dit Bob. Je suis par terre. »

Maintenant, il ne restait plus qu'une hôtesse en haut du toboggan surveillé par Mike Lord. Quand elle s'élança, Lord l'attendit en tendant les bras. A mi-chemin du toboggan, elle écarta les jambes et fonça sur Lord. Lord l'emprisonna de ses bras, tituba et tomba en arrière, heurtant le sol de sa tête.

Étendu sur ce célibataire musclé, l'hôtesse se mit à sourire. Elle le regarda droit dans les yeux et lui dit :

— Vos bras sont les plus agréables que je connaisse.

Leurs ultimes vérifications terminées, Pearson et Quintal s'enfuirent du cockpit en toussant à cause de la fumée.

— Passe-moi l'extincteur ! hurla Pearson.

Le copilote se mit en quête de l'extincteur. Pearson vit alors une femme qui tentait de remonter l'allée. C'est là qu'il se rendit compte que l'appareil avait sérieusement piqué du nez. La femme sortit par l'issue de secours avant.

Pearson et Desjardins, torches à la main, s'assurèrent que tout le monde était sorti. Desjardins descendit alors par l'un des toboggans de l'arrière, mais Pearson repartit vers l'avant.

— Où est l'extincteur ? demanda-t-il à Quintal.

— Je ne le trouve pas. Il a dû se décrocher au moment de l'atterrissage.

Maintenant qu'il s'était assuré que tous les passagers étaient descendus, il se préoccupait du sort de l'appareil. Il voulait savoir d'où venait la fumée et éteindre l'incendie avant qu'il ne s'étende trop. Quintal et lui sortirent de l'appareil par une issue de secours de l'avant qui était tellement près du sol qu'ils sautèrent sur le bitume.

Rick et Pearl Dion reprenaient leurs esprits, assis sur la piste avec leur fils Chris. Pearl eut un choc quand Rick avoua qu'il lui avait menti.

— Je ne voulais pas te le dire quand nous étions à bord, mais nous n'avions plus une goutte de carburant.

256

— Je ne te crois pas.

Rick savait que tous les passagers étaient sortis. La fumée s'échappait toujours du nez de l'appareil, mais il ne semblait plus y avoir de risque d'explosion.

Sachant que sa famille était hors de danger, Rick coiffa mentalement sa casquette de mécanicien et revint vers l'appareil à présent silencieux — gros monstre blessé, un peu ridicule avec son nez piqué vers le sol sur une piste abandonnée d'une petite ville perdue du Manitoba.

Le commandant Pearson était là avec quelqu'un d'autre, brandissant un petit extincteur inutile. Ils cherchaient d'où venaient la fumée.

— Bon Dieu! Ce truc ne va tout de même pas flamber maintenant!

Les pompiers de Gimli arrivèrent. L'un des hommes demanda au commandant:

— Vous avez débranché la batterie?

— Non.

Les pompiers grimpèrent dans l'avion et découvrirent des nuages de fumée qui sortaient du cockpit et s'engouffraient dans la partie avant de la cabine. Ils roulèrent la moquette qui couvrait l'allée étroite séparant le poste de pilotage de la cabine passagers et ouvrirent la trappe menant à la soute électronique. Des nuages de fumée toxique s'en échappèrent et ils mirent des masques. Dion dirigea sa torche vers le générateur auxiliaire, un accumulateur de vingt-huit volts. Les pompiers déconnectèrent les terminaux, mais cela fumait toujours.

Continuant leurs recherches, les hommes localisèrent bientôt la provenance de la fumée. Sous le ventre de l'appareil, l'isolation brûlait tout doucement, du fait du frottement provoqué par l'atterrissage sur le nez, apparemment. Les pompiers mirent fin à l'incendie.

Les passagers tournaient en rond, certains euphoriques, d'autres en colère, mais ils étaient tous désorientés. La vieille dame que Bell avait portée gisait inconsciente sur un brancard. Une jeune femme sanglota bruyamment pendant quelques instants, puis se mit à arpenter la piste, hébétée. Un homme s'inquiéta du sort du homard surgelé qu'il rapportait de Prince Edward Island, il l'avait laissé à bord.

David Glead de l'Automobile Club de Winnipeg entendit quelqu'un dire : « Cela ne peut pas être Winnipeg » et pensa : « Dieu, vous en êtes loin ! »

Mike Lord tentait de retrouver son souffle, assis sur une petite clôture, quand Cam Berglind lui dit d'une voix excitée à l'oreille :

— Mon copain et moi, on était sur nos vélos sur cette piste. Nous avons levé les yeux et il n'y avait plus qu'Air Canada dans le ciel.

Pour un bavard, Mike Lord était anormalement silencieux. Ce qu'il voulait maintenant, c'était griller une cigarette. Il tira son paquet à demi-plein et son briquet de sa poche et fut immédiatement entouré de gens qui mouraient d'envie de fumer, eux aussi.

Annie Swift qui ne fumait que lorsqu'elle était nerveuse ou excitée tirait comme une folle sur sa cigarette. Les yeux fixés sur ce spectacle irréel, elle sentit soudain que son corps entier lui faisait mal. Elle se demanda si c'étaient les efforts qu'elle venait de fournir ou la séance d'équitation du matin qui en étaient la cause.

Danielle Riendeau avait mal à l'épaule.

Les deux femmes tombèrent dans les bras l'une de l'autre, pleurant de fatigue et de soulagement. La passagère apeurée que Riendeau avait tenté de réconforté vint l'embrasser et lui dit :

— Merci de m'avoir sauvé la vie !

Joanne et Bob Howitt s'arrêtèrent au bout de la piste où une membre de l'Automobile Club leur proposa de les reconduire en ville avec sa Datsun.

Joanne regarda autour d'elle, remarquant enfin qu'ils n'étaient pas dans un grand aéroport. Qu'est-ce qu'un distributeur de Coca-Cola faisait au milieu de la piste ? En colère, elle s'exclama :

— Mais nous ne sommes pas à Winnipeg !

— L'essentiel, c'est que nous soyons à terre, non ?

Un autre passager s'approcha de Bryce Bell et lui dit :

— Je me demande si je vais pouvoir attraper ma correspondance !

Incrédule, Bell écarquilla les yeux.

Cam Berglind regardait son père qui aidait à évacuer les passagers.

« Peut-être que je devrais téléphoner à la station de radio, pensa-t-il. Peut-être qu'ils me donneraient de l'argent pour le tuyau. »

Bob Munro de la police montée boucla le secteur pour empêcher les curieux de s'approcher de l'appareil. Il savait que les enquêteurs du ministère des Transports étaient en route. Il allait falloir répondre à beaucoup de questions difficiles. Comment un avion de ligne pouvait-il tomber en panne sèche en plein vol ?

Ce qui était aussi incroyable, c'était l'exploit des pilotes. Ils avaient réussi l'impossible. Quand Munro apprit que Pearson avait mis l'appareil en glissade pour éviter de sortir de la piste, il s'exclama :

— C'est presque impossible !

Michel Dorais et Shauna Ohe reprenaient leur souffle quand Anne Swift courut vers eux. Prise d'une impulsion, Swift serra Ohe dans ses bras en criant :

259

— Nous venons d'assister à un miracle!

Dorais cherchait une explication plus logique aux événements des vingt-neuf dernières minutes. Il passa les données en revue: le décollage avait été retardé à cause d'un problème de jaugeurs carburant. Ils avaient pensé dérouter sur Winnipeg parce qu'ils devaient faire réparer les jaugeurs. Et soudain, ils avaient pris la direction de Gimli, parce qu'ils n'avaient pas le choix, apparemment. Il y avait eu de la fumée, pourquoi l'appareil n'avait-il pas flambé? Il arriva à la seule conclusion logique.

Swift partie vers d'autres passagers, Dorais dit à Ohe:

— Je te parie qu'ils n'avaient plus de carburant!

— Oh, non! Tu plaisantes. C'est impossible.

Épilogue

Le jeudi 26 juillet 1983, Diane Rocheleau, analyste des défaillances mécaniques du Bureau de la sécurité aérienne du Canada, retira l'ordinateur de quantité carburant du vol 143 et l'emporta aux Honeywell Laboratories, le constructeur, à Minneapolis. Avec une demi-douzaine d'experts, elle procéda à des tests.

En laboratoire, les enquêteurs mirent l'ordinateur en marche pour voir ce qui allait se passer. Deux minutes après, il se mettait à fumer.

Cherchant plus loin dans les entrailles du microprocesseur, l'équipe d'enquêteurs comprit que la défaillance venait du plus gros des six inducteurs recouverts d'époxy. Examinant le canal 2 de plus près, ils trouvèrent le joint soudé à froid, la soudure partielle et imparfaite qui avait été le premier maillon de la chaîne d'événements qui avait engendré l'étrange odyssée du vol 143.

A Gimli, on fit les réparations nécessaires pour permettre à Dave Walker, chef pilote de 767 d'Air Canada, et au commandant Ken Lyons de ramener l'appareil 604 à Winnipeg où la remise en état de l'appareil dura un mois.

Il est toujours en service aujourd'hui ; les gens de la maison l'ont surnommé « le planeur de Gimli ».

Une semaine après l'accident, les enquêteurs du ministère des Transports réunirent les agents de bord du vol 143 dans une salle de conférence de Dorval pour les interroger. La salle donnait sur une piste de l'aéroport. Tout en répondant aux questions, ils remarquèrent une grande agitation dehors. Des responsables militaires se rassemblaient pour voir une démonstration en vol d'une nouveau bombardier. L'appareil décolla et tourna en rond au-dessus de l'aéroport.

— Mon Dieu ! s'écria Susan Jewett. Il nous fonce dessus.

L'appareil passa au ras de leurs têtes et tourna pour repasser au-dessus de l'aéroport. Les enquêteurs et les agents de bord tentaient de se concentrer sur ce qui les occupait lorsqu'ils entendirent le bruit d'un avion qui s'écrasait. Ils virent une colonne de fumée noire s'élever en bout de piste. Les pilotes étaient saufs, mais l'appareil était foutu.

Cela mit fin à la réunion.

Quelques minutes plus tard, Swift rencontra Don Cameron, le pilote du DC-9 qui avait flambé un mois plus tôt à Cincinnati. Elle ne le connaissait pas, mais elle le reconnut grâce aux photos parues dans la presse.

— J'étais sur le vol de Gimli !

Ils tombèrent dans les bras l'un de l'autre.

Lillian Fournier et Pearl Dayment rentrèrent à Pembroke dans l'Ontario, secouées par la catastrophe. Lillian souffrait de la blessure à la tête qu'elle s'était faite en tombant du toboggan. Pendant deux mois, elle fut incapable de reprendre un travail régulier à Miranucki Lodge. Elle réclama des dommages et intérêts à Air Canada et obtint cinq mille dollars.

Depuis Gimli, elle se sent très proche des victimes de catastrophes aériennes. Quand elle apprend qu'une catastrophe s'est produite, elle fond en larmes :

— Vous pensez à leur terreur et vous espérez qu'ils sont morts rapidement. Le plus terrible, c'est d'attendre.

Et elle ajoute :

— Certaines choses me rendent très cynique. Quand on pense qu'on a failli mourir à cause d'une erreur stupide ! Je ne pense pas que je reprendrai l'avion.

Assise dans le confortable living-room de sa maison de Richmond, Ontario, Pat Mohr raconte :

— Maintenant je choisis ce que je fais. Nous avons failli mourir. C'est une seconde chance qui nous est donnée et nous avons compris qu'il nous fallait profiter de la vie.

Son mari Ken ajoute avec un sourire que l'expérience lui a appris à se détendre. Avant, il supportait mal les tensions provoquées par son travail à Siltronics.

— Maintenant, je me dis : « Nous avons un problème. Nous pouvons le régler. Vous voulez que je vous parle de vrais problèmes ? »

Les filles Mohr arborent toutes les deux un tee-shirt sur lequel on peut lire : « Je suis tombée en panne sèche sur un 767. »

Shauna Ohe et Michel Dorais se sont mariés à Edmonton le 30 juin 1984. L'incident ne les a pas beaucoup transformés extérieurement, mais Shauna Dorais dit :

— Parfois, on se demande comment on réagirait si on était confronté à la mort. Maintenant nous savons.

Se souvenant que Dorais l'a poussée à sortir de l'issue de secours et s'est assuré qu'il ne restait personne à bord avant de quitter l'appareil, elle ajoute avec fierté :

— Mon mari est un héros.

Des semaines après la catastrophe, après son retour chez elle à Alberta, Pauline Elaschuk se mit à avoir des problèmes de dents graves et douloureux. Elle eut deux abcès et une dent se cassa. Elle dut subir une opération, perdit un morceau de mâchoire et dut ensuite subir un traitement douloureux qui dura quatre ans. Des spécialistes confirmèrent que ces problèmes étaient très vraisemblablement dus au traumatisme provoqué par sa chute du toboggan. Air Canada reconnut sa responsabilité mais refusa de verser des dommages et intérêts. Pauline n'eut droit à rien parce qu'elle n'avait pas porté plainte dans les cents jours qui avaient suivi l'accident, comme l'exige la loi canadienne.

Les Elaschuk prennent encore l'avion, mais seulement quand c'est indispensable.

— Quand j'y pense, j'en ai les larmes aux yeux, dit Pauline.

L'expérience a appris à Bob Howitt à faire preuve de plus de ténacité pour obtenir ce qu'il veut. Il aimait son travail de géologue et l'aime encore, mais le 23 juillet 1983, il décida de reprendre ses études. Il s'inscrivit à l'université d'Alberta pour faire un doctorat, il travaille à sa thèse.

Joanne Howitt a changé plusieurs fois de travail depuis l'accident, parce qu'elle n'était pas satisfaite, jusqu'à ce qu'elle comprenne que ses priorités avaient changé. Quand elle oublia le monde du travail pour se consacrer à sa famille, elle comprit qu'elle avait appris à apprécier ce qui était le plus important dans sa vie.

— Je n'arrivais pas à croire qu'un appareil comme celui-là puisse être à court de carburant, déclare Nigel Field dans la bibliothèque de sa maison de Cornwall dans l'Ontario. J'étais très en colère et les membres d'équipage m'inspiraient des sentiments partagés. Je savais que le pilote avait fait du très beau travail, mais je pensais aussi qu'il avait sa part de responsabilité parce qu'il avait contribué à nous mettre dans ce pétrin.

Field continue ses voyages d'affaires avec son flegme légendaire.

— C'est bien de savoir que, confronté à la mort, vous êtes capable de sérénité. C'est une expérience importante pour moi, parce qu'on ne sait comment on réagit que le moment venu.

— J'espère bien ne jamais remettre les pieds dans un avion, déclara Bryce Bell après la catastrophe. Rétrospectivement, je sais que j'ai exagéré. Mais j'étais fou de rage contre la compagnie.

Bell raconta son épopée à la presse, ce qui provoqua une vague d'appréhension à propos de la fiabilité du Boeing 767. Bob Howitt et lui tentèrent de réunir les passagers pour porter plainte contre Air Canada, mais les complexités du droit canadien les incitèrent à abandonner. Ils portèrent néanmoins l'affaire à l'attention des politiciens, ce qui entraîna l'ouverture d'une enquête publique. Bell connut une métamorphose sur le plan personnel.

— L'incident de Gimli m'a donné le courage de changer de vie. J'ai travaillé seize ans pour l'État tout en détestant cela. J'ai compris que tout le reste perd de l'importance quand on a sa vie en jeu. Pourquoi ne pas lâcher ce job? « Quelle importance si tu dois te battre pour joindre les deux bouts? » me suis-je dit.

Bell a démissionné, a vendu sa maison d'Edmonton, est parti s'installer à Larrimac, au nord d'Ottawa, avec sa femme Margo et son fils Jonathan. Depuis qu'il a emménagé dans la retraite forestière construite par son père, Bell s'est lancé dans une nouvelle carrière: il dessine et construit de luxueuses maisons en bois.

265

En 1987, Mike Lord épousa son amie Danielle. Sa femme a peur de l'avion, tandis que Lord a appris à redouter Air Canada, mais pas les autres compagnies. Il raconte une expérience récente :

— Je suis allé acheter un billet dans une autre compagnie, mais comme c'était trop cher, je suis retourné à Air Canada. J'ai réfléchi quelques minutes pour savoir si oui ou non je devais leur acheter un billet. Puis je me suis dit que non.

Rick Dion a été muté à Vancouver. Aujourd'hui, les Dion vivent à moins d'un kilomètre de la frontière américaine, de sorte que Pearl peut facilement traverser la frontière pour acheter des gallons et non des litres d'essence.

— C'était comme beaucoup d'autres accidents, dit Rick. Il y avait beaucoup de facteurs en jeu. Qui rendre responsable ? Tout le monde l'est, du gouvernement fédéral au commandant. Il aurait dû y avoir des systèmes de sécurité intégrés. D'un autre côté, quand on est en l'air et que des problèmes surgissent, il se produit aussi des choses agréables. Je pense que je ne revivrai jamais ce genre de situation où tout va mal et tout va bien en même temps.

Pearl acquiesce.

— J'ai toujours peur en avion, mais moins qu'avant, je me dis toujours que la foudre ne peut pas tomber deux fois au même endroit.

Bob Desjardins a quitté Air Canada en 1985 pour se consacrer entièrement à Distribution Nadair, une compagnie d'export-import dont il est propriétaire avec un de ses amis.

L'incident a amené Annie Swift à prendre des décisions capitales pour son avenir. Elle a quitté son petit ami, vendu sa maison de banlieue et acheté une maison de campagne à Saint Lazare, près de la ferme de l'« oncle » Ludwig, où elle peut faire du cheval pendant ses loisirs. Puis elle a épousé Ken Russel, pilote à Air Canada, en janvier 1988 et s'est installée à Vancouver. Elle est toujours hôtesse à Air Canada.

— J'ai eu l'impression que l'on m'avait privée de la confiance que m'inspiraient les avions, dit Susan Jewett.

Elle a pris un congé pour se calmer de sa colère à l'égard des gens, des procédures et des coïncidences qui avaient mis sa vie en danger. Puis la colère avait fait place à de la gratitude à l'égard du commandant Pearson et du copilote Quintal. Elle a repris son travail, mais elle ne fait plus son travail de la même façon :

— S'il y a un retard dû à un problème mécanique, je veux savoir pourquoi.

Elle est montée en grade. Sa seconde fille, Élisabeth, est née en août 1985.

Danielle Riendeau a pris un congé de huit mois. Elle souffrait de l'épaule qu'elle s'était abîmée en enfonçant la porte de secours. Les cicatrices étaient cependant plus profondes sur le plan émotionnel. Lorsqu'elle reprit son travail, on la mit dans le personnel de réserve, ce qui signifiait qu'elle ne pouvait choisir ni ses vols, ni les avions qui la transporteraient. Le jour où elle se retrouva sur un 767, elle fondit en larmes. Pour l'aider, Bob Desjardins s'arrangea pour qu'ils reprennent un 767 ensemble, un jour qu'ils rentraient d'une mission. Elle pleura pendant tout le voyage, sûre que sa carrière était à l'eau.

— Je ne voulais pas perdre mon travail. Il est le seul qui permette d'avoir du temps à soi, de rencontrer des gens et de voir du pays. Je ne voulais pas redevenir secrétaire.

Elle fit une thérapie, apprit des techniques de comportement pour se débarrasser de ses angoisses. Par exemple, elle porte un bracelet de caoutchouc au poignet. En vol, quand la peur la submerge, elle fait claquer son bracelet contre son poignet, très fort.

— Cela vous réveille, explique-t-elle.

La thérapie a donné des résultats.

— Je ne serai jamais plus l'hôtesse que j'étais avant. Jamais. Mais j'ai fait d'énormes progrès. Maintenant, je ne fais plus de cauchemars, et le 767 est mon avion préféré. Quand je me retrouve sur l'appareil 604, je suis émue. Il m'a sauvé la vie.

Le commandant Bob Pearson et le copilote Maurice Quintal reçurent les félicitations de leurs pairs, du Canada et du monde entier. L'Association des pilotes d'Air Canada et la Fédération aéronautique internationale leur décernèrent des médailles.

Ils connurent un autre incident. Le 23 juin 1984, onze mois après la catastrophe de Gimli, Pearson et Quintal décollèrent d'Ottawa pour se rendre à Montréal à bord du même appareil, le 604. Au moment où ils prenaient de l'altitude, ils revécurent la même expérience qu'au cours du fameux vol avec les mêmes avertisseurs sonores et les mêmes voyants lumineux.

— Voilà que ça recommence ! s'exclama Pearson.

Quand il stabilisa l'appareil pour reprendre le chemin d'Ottawa, tout disparut. De retour au sol, Pearson apprit que c'était la montée rapide du 767 qui avait déclenché ces voyants et ces avertisseurs.

— Un mot en cinq lettres figure sur le magnétophone de ce cockpit, raconte-t-il.

Le gouvernement canadien n'a pas donné le nom de

Bob Pearson à un aéroport. Si, en 1985, l'aéroport international de Toronto a été rebaptisé Aéroport international Pearson, c'est en l'honneur de l'ancien Premier ministre Lester B. Pearson. Aucun rapport avec le pilote.

En fait, rien n'a vraiment changé pour Pearson. Il pilote toujours des 767 à Air Canada. Il termine sa maison dans les bois et joue toujours au hockey. Il voit l'avenir en rose.

Il fut peut-être moins affecté que les passagers par ce drame parce qu'il maîtrisait la situation. Il connaissait l'étendue du problème. Il n'en connaissait pas l'issue, mais il savait qu'il pouvait agir.

— Parfois, je pense que j'occupais la position la plus facile. Si j'avais été à l'arrière avec les passagers, j'aurais probablement mouillé mon pantalon.

Un an après Gimli, Maurice Quintal perdit sa femme et se retrouva seul pour élever ses deux fils.

Il se lia d'amitié avec Claudette Pouffe, directrice de la commission d'enquête sur l'incident de Gimli, et finit par l'épouser en 1986.

La carrière de Quintal prit un nouveau départ. Quand un incident se produit, on accuse les pilotes, et Air Canada tenta de rendre Pearson et Quintal partiellement responsables de l'erreur de ravitaillement. Mais l'enquête les blanchit complètement. En 1989, Quintal devint commandant.

Qui était responsable?

Qui devait-on accuser d'avoir fait décoller le vol 143 avec des réservoirs à moitié pleins? Après une enquête interne, Air Canada décida de diviser la responsabilité entre le commandant Pearson, le copilote Quintal et les mécaniciens Jean Ouellet et Rodrigue Bourbeau. Mais lorsque la compagnie annonça une série de suspensions et de mesures disciplinaires, les pilotes et les mécaniciens ripostèrent en portant l'affaire devant la presse.

Le scandale qui s'ensuivit amena le gouvernement à créer une commission d'enquête indépendante. Après avoir entendu le témoignage de cent vingt et un témoins pendant soixante-cinq jours d'auditions conduites entre le 15 novembre 1983 et le 8 novembre 1984, la commission publia un rapport final de cent quatre-vingt-dix-neuf pages concluant que l'incident n'était ni la faute des pilotes ni celles des mécaniciens, mais celle d'Air Canada, citant en outre plusieurs carences dans les procédures de vol:

— La décision d'introduire un nouvel appareil dont la charge carburant était calculée en kilogrammes, alors que pour tous les autres appareils de la compagnie, on recourait aux livres pour ce calcul. Air Canada avait pris cette décision sous la pression du gouvernement

271

canadien, mais le rapport déclarait: « Si Air Canada s'était préoccupée de questions de sécurité, elle aurait résisté aux pressions de toutes sortes, dont celle du gouvernement canadien, et aurait conservé l'ancien système de mesure légal pour le calcul de la charge carburant. »

— L'incapacité de confier la responsabilité à un service précis pour le calcul de la charge carburant. Les pilotes déclarèrent lors des auditions qu'on leur avait dit que la responsabilité de ce calcul revenait aux services d'entretien; de leur côté, les mécaniciens déclarèrent qu'on leur avait dit que la responsabilité était celle des pilotes. Le rapport disait: « Air Canada n'a pas été capable de combler le vide laissé par le départ du mécanicien navigant. »

— L'incapacité de former le personnel du cockpit ou le personnel au sol pour qu'ils soient en mesure de calculer la charge carburant du 767 en cas de panne de l'ordinateur.

— La confusion à propos du MEL: « Quand on compare le MEL d'Air Canada pour le 767 à celui des autres compagnies possédant des 767, telles que Delta Air Lines, Transworld Airlines, United Airlines et American Airlines, on se rend compte d'un coup d'œil que le MEL de ces compagnies est beaucoup plus clair et précis. »

— L'absence de pièces de rechange. Si le mécanicien Yaremko avait pu remplacer l'ordinateur de quantité carburant défectueux à Edmonton, la veille du vol 143, l'incident n'aurait jamais eu lieu.

En résumé, dit le président de la commission, le juge George Lockwood, « l'absence de communications à tous les niveaux est alarmante à Air Canada. C'est peut-être un problème typique des grosses entreprises, mais c'est particulièrement inquiétant dans une industrie qui est quotidiennement responsable d'innombrables vies humaines ».

Lockwood déchargea les pilotes et les mécaniciens de toute responsabilité : « Sans le savoir-faire du commandant Pearson assisté du copilote Maurice Quintal, les conséquences auraient été catastrophiques. Ironiquement, ce sont les connaissances du commandant Pearson en matière de vol plané qui ont permis, en très grande partie, d'éviter la catastrophe. Il a su utiliser ses connaissances pour faire atterrir sans dommages l'un des avions de ligne les plus sophistiqués qui soient.

Grâce au professionnalisme et au talent des membres de l'équipage, les carences d'équipement et d'organisation ont été surmontées, ce qui a permis d'éviter une véritable catastrophe. »

Achevé d'imprimer en septembre 1990
sur presse CAMERON
dans les ateliers de la S.E.P.C.
à Saint-Amand-Montrond (Cher)

N° d'édition : 90105/16134. N° d'impression : 2042
Dépôt légal : 9874, septembre 1990.

ISBN : 2-01-016753-8
23-01-4641-01-9

Imprimé en France